The conspiracy of the heart
Tibetan Pulsing Yoga

與心同謀的治療藝術

—西藏脈動瑜珈

Vidya ◎文
Iswar ◎編

目錄

自序

曾經認真的要將Dheeraj的書逐字逐句的翻譯。請柏夆幫忙，他下手很快離手也快，翻了一個片段停在那已經快兩年了。看來時間也像他一樣快。

不過要付印翻譯Dheeraj的書，六個波中文板300面一本，至少需要十冊以上，再加上讀眼及器官能量的解說，至少也要十冊以上。以我的速度翻譯，一輩子也做不到，請專業的翻，得等我中樂透的大獎才有那麼多錢。

所以這本書是我偷機取巧的作品，因為書寫的時間間隔頗長，有些描述重覆，請多包涵。重點是讓學過西藏脈動的台灣朋友，至少有一本可以大概輪廓學的是甚麼東西。

朋友們常說自己對西藏脈動感覺深刻，很想讓其他的朋友們也有機會悠遊脈動的魅力，可是真的不知如何解釋。

心靈是每個人專有的秘谷，無法轉移別人的殘餘，只能自己體驗每一個片刻，每一次的新鮮，當然難以言傳。

不過傳法還是得傳，還是得盡力，加上伊斯娃答應擔任美編和插畫，遇到我的文字稿酸澀令人難以按捺時，她的插畫美編可以像公園的搖椅讓人小憩一會，有她的助陣使這工作更加精緻質美。

當然也希望乘機勾動對意識蛻變有興趣的朋友們，一起參與一起享用脈動的神遊密約。較深入西藏脈動的朋友們都認為這是一門最基礎，最扎實的功法。只要朋友願意深入，工作在神經系統，神經系統傳遞功能無礙，再去學甚麼或是做甚麼，都可以享受到得心應手錦上添花之妙。

這本書能夠出版，除了朋友們的催促以外，文興出版社事業有限公司全體伙伴的鼎力支援才具關鍵，西藏脈動瑜珈在坊間冷門堪虞，在台灣只有一個專職人員，默默耕耘了五、六年而已。書中的內容可以歸入新時代系列，也可以歸之生命潛能，偏偏成為文興醫藥資訊網的一員，覺得這真是存在的一種幽默。

因為西藏脈動瑜珈確實已證實具有強效工作在身心靈的整合，幾千年的深厚傳承，擁有嚴謹的教學脈絡，著重於工作在自己身上，將心比心，推己及人。在這個時代，這門古老的治療藝術不再是由師父傳給徒弟，而是由朋友傳給朋友，在在呼應了醫藥資訊網的精神。

在歐洲已成立數個頗具規模的西藏脈動屋，繼續創始人的心願。生前的他認為任何的技巧都應該傳之大眾，讓興趣自已意識展翅的朋友們方便進行，而不是屬於特定宗教制約的。

簡單的說脈動瑜珈是喚醒我們的性能量，性能量正是我們的生命能量，是我們生存的動力和樂趣，自在的恢復生命的原創性，而這一切的說法不如落實在我們的生活裡。願這門技巧再次的讓大家經驗到我們真的是一體的，真的的沒有分別的。

在這裡要感謝所有一起脈動的朋友們及身邊的美籍賓漢先生，他一直深情的支持及鼓勵這本書的出世，雖然他看不懂內容，卻是最興奮的那一位，真心顯露擁有一位一起靜心的生活伴侶為榮。是的！一起脈動的伴侶，親密關係是長長久久的，歡迎加入！

西藏脈動 與心同謀 Tibetan pulsing yoga

◆綠波同學錄之一。

第一章
甚麼是西藏脈動

融合聲音、顏色及生物電能，
是唯一跟著心跳的原動力，
讓頭腦蛻變的技巧。

西藏脈動是源自幾千年前古老而強效的治療藝術，涵蓋肉體、精神、意識、靈性的淨化技巧。幾世紀以來除了僧院中的修道者，沒有外人目睹這項神秘的活動；近二十年來，Sw. Shantan Dheeraj 終於將西藏修道院曾經秘修，深奧卻最貼近人性的法門有系統的予以整合，融合聲音、顏色及生物電能，轉譯成讓西方頭腦可以瞭解並且可以持續深入的技巧，也是唯一跟著心跳的原動力，讓頭腦蛻變的技巧。

Dheeraj長期接受一位中國道家師父的教導，西元1983成為印度成道大師Osho的門徒；在他成為門徒之前，曾在美國遇見三位西藏喇嘛告知，七百多年Osho曾經是一位西藏高僧喇嘛，今世在印度成道。想必一樣瞭解這個治療藝術的神秘傳承。Dheeraj隨著指示來到師父的跟前，得到Osho將他的工作賜名為Tibetan Pulsing Healing，並且成為在社區的第九個學院。由第一次四個人參加的團體變成吸引成千上萬人的治療學院，課程在印度奧修社區獨領風騷十餘年，蔚為風潮。

Dheeraj在印度奧修社區啓蒙無數來自世界各地的求道者進入Tibetan-Pulsing的傳承。在這個世紀末神秘的治療技巧，不再是由師父傳給徒弟，而是由朋友傳給朋友。由此體會到沒有制約，沒有分別的愛。

這個技巧是由兩人或兩人以上的參與，實際經驗進入深度的放鬆。靜心品質是最重要的因素；給予者與接受者連結能量，形成陰陽協調，充滿敏感與愛的自然磁場，幫助身體生物電能運作順暢，自動化解掉滯留體內的負向能量，體驗到全然放鬆，解除身心靈的障礙。就是這些障礙使骨骼酸痛，器官病變，以及莫名其妙的情緒，或抑鬱、怨恨、憤怒、嫉妒、多疑、焦慮、孤僻、沒有自信等等……。繼續練習這個技巧，生命能量漸漸淨化，自然而然感到喜悅，歡喜靈性的成長。這將是一個嶄新而深刻的自我覺悟，瞭解到身心靈的因果關係，藉由愛與靜心，有效的幫助朋友與朋友們，轉業為智，自由人生。

西藏脈動特殊的診斷方式我們稱為「Eye Reading」。眼睛是靈魂之窗，身體神經系統與眼球晶體連線，當生物電能流動受到驚嚇或阻礙，就會在眼睛上刻下記號。根據這些記號，我們可以讀出主人過去的身心經驗，尤其負面經驗，會滯留體內引發種種莫名的不愉快及不易察覺的不舒服，並且一再的重演，使得人生混亂無法圓融。

Dheeraj說恐懼存在於人類神經系統的模式，是來自負電透過神經系統糾結在我們對痛苦印象中的記憶。這般的影像源自過去式臨場的感受，把現在的事與過去陳腐的記憶聯想在一起的，稱為自我。它是一個電的防禦措施，為了保護我們不再由過去式的惶恐引發成激烈的驚嚇。這樣的保護作用可以說是來自心理上的害怕。

這種機械性的物理作用過程就像是一隻長砲筒的電氣槍，由過去式陳舊的記憶引發負電充斥來射出子彈擊中神經系統的運作。為此，當類似的印象或模糊的觀念被外在觸動時，剎那引爆內在的緊張，詮釋成對害怕的事件描繪成栩栩如生的經驗。不但如此，所有的身體感官同步的受制於害怕的感覺，並且一一透過各自的神經系統傳遞給大腦的中樞神經，反應出超過事實錯綜複雜的反應，形成更加無邊無際令人窒息的恐懼，扭曲整個人的身心狀態。直到目前，大多數的宗教及治療學仍然嘗試由外在下手去對付這種精神上、心理上的問題，工作在對恐懼害怕的觀念上。

西藏脈動持相反的方向著手，由內往外工作起，利用內在心的力量，脈動就像一個強力馬達，配合聲音的特殊頻率，精妙的操作。讓身體的生物電能流暢的在神經系統上傳導，並且允許脈動穿透更深入些，直到探觸那躺在頭腦裡靜態層次的痛苦。那像老電影般過去式的影像，因正負電的中和而產生消磁作用，自然的釋放緊張，發生一種深刻的、陶醉的、放鬆的感覺，此時不再是憎恨、悲傷、害怕或恐懼，當緊張慢慢被釋放時，我們有了新的瞭解，新的頭腦。

Tibetan Pulsing興趣於每位獨立個體的蛻變，經由能量的整療，儘快的清除身心多餘的負電，或由負向轉為平衡的。過程中將會體驗到全然的放鬆，由痛苦溶化成喜悅，由恐懼中溶化成平靜。這種生命能量轉化的感覺，是生物電能流暢的特質，在我們的神經系統依附著骨骼流動著。同樣的感覺，在做愛時被侷限在生殖器裡，事實上我們可以感覺這種能量是佈滿了我們的全身。

生命能量的淨化，靈性意識的提昇，是需要身體力行，只是希望負面情緒自己會走開是不夠的，能夠藉助技巧的練習及朋友共修的力量，敏感生命能量一直是無始無終，過程永遠在變動，何來執著？理解放下前已是空無，何來放下？唯獨覺知。覺知不是口頭禪，是個人靜心經驗的體驗。

西藏脈動是存在給予人們絕妙的禮物，透由瞭解身體能量的運作，臣服於萬物皆有情的生命奧秘。是一種靜心技巧，一種靜心前的準備，甚至不只是一種技巧，是人類天賦本能，回歸喜悅與心同謀。

◆Dheeraj與女友-Kalpa。

第二章

創始人的生平

達賴喇嘛拜訪印度，
與Dheeraj會面時，
細聲的在他耳邊說：
真高興又見到你回家了。

◆西藏脈動創始人-Dheeraj。

◆Dheeraj與Dalalama。

1998年九月二十五日，Dheeraj在義大利的羅馬醫院離開身體，享年五十七歲。

在他離開身體前三個月，他將西藏脈動最後一個課程，可稱為第七波的『Temple』傳授給來自世界各地，勤練脈動多年的108位學員。密集的訓練課程中，他無意中的說：差不多可以交差了。一些敏感的學員們就猜測，親愛的老師即將要離開身體了，而大多數的學員們都不願相信這會成為事實。

九月初，Dheeraj的身體顯得非常的孱弱，他的女友不顧他本人的反對，硬是把他送進羅馬的醫院。他不准醫生們給任何藥物加以急救的方法，只靠單純的點滴，度過他人生最後的兩個禮拜。直到去世前幾分鐘，他示意拿掉一切維生用的針管，雙肩聳起，強力呼出最後一口氣，保持意識的離開身體。陪在一旁的朋友們不禁莞爾，這就是Dheeraj，即使在人生的最後一分鐘，還是保持了他一向的power。醫院的人說：多數人離開身體是徐緩軟弱的吐完最後一口氣，或者呈昏迷狀態，而Dheeraj給脈動的朋友們一個清晰的榜樣，也是他的教誨。

西藏脈動的技巧就是在做死亡前的準備，融化負面情緒的障礙，清楚的觀照生命的本質。他不是用口頭上說教，而是真的一步走前，身體力行的引導我們，即使在死亡的剎那！

Dheeraj出生在美國德州達拉斯的小鎮上，本名叫James Rudolph-Murley，他曾經是個不可救藥的酗酒者，達二十年之久。他是那麼的沉迷在酒瓶裡，甚至瘋狂的高速騎著他那大型的摩托車時，還邊含著一根連著酒瓶的吸管，唯恐錯失了他第二輪喝酒的癮頭。終於心血來潮，他決定要戒酒，可是一直找不到適當的方法，他嚐遍了各家門派的冥想方式，包括美國印地安人的、印度錫克教徒的，或其他古老的、或正在流行的各式各樣冥想方法。適時的，他發現了可以置他於死地的胰臟炎再次發作，而且一連發作了四次，他真的決定要用剩餘的生命為自己做點事了。

當時他住在一個小農場裡，時常練習靜坐，就在這安靜的時刻裡，他覺察一個癢癢的感覺，深深地由他的胰臟傳出來，發現只要用手觸摸胰臟的位置，然後感覺脈動，很快的平撫那個痛癢的感覺，只是把手放在痛的部份就能覺得緩和下來，這就是西藏脈動的原創始由。接著他試著用聲音來震動器官的肌肉，發覺可以利用自己的聲音由裡面去接觸體內的器官，他領悟到如何用觸摸及聲音來聯繫自己的身體，並且能夠撫平痛楚。為了更進一步的實驗，他開始以身體工作做為人生的方向。

有一天Dheeraj前去芝加哥拜訪他的前妻，因為她發覺自己的乳房長了一個腫瘤，必須考慮利用手術切除。Dheeraj抵達後，觸摸前妻覺得痛的地方，並且將腫塊用手指扣住，當下他的前妻情緒乍起而哭個不停，而Dheeraj的手指間變得非常的熱，脈動也變得非常的強烈。經過了半小時後，前妻自己覺得悶痛的感覺減輕，腫瘤也似乎縮小了些，誘使Dheeraj就以這樣的方式工作了幾天，直到腫瘤小得幾乎摸不出來。

Dheeraj曾經是一個經營非常成功的建築商及廣告代理商。但是他把自己的事業喝垮了，甚至走投無路，不知道如何活下去。現在他知道了他自己的另一個專業，可以繼續的生存下去。他首先專注在腫瘤及癌症的症狀，起初知道的很少，為了獲得更多的經驗，他尋找各式各樣研究發展的可能性。

以他給個案時，他會閉上眼睛，內視到與形成癌症很明顯有關聯的景象。每個乳癌都有個男人的名字掛在那兒，屬於某個人與患者曾經有過親密關係的。她為逝去的戀情悲傷著，假如她可放下悲傷，則可避開癌症的侵襲，假如她不肯放下，這個『不肯』使癌症就有百分之五十的機會張牙舞爪、伺機而動。

Dheeraj由Time雜誌讀到，由Abraham Levy博士在Brooklyn V.A醫院裡做過的醫學研究報告，並且去拜訪他，看他用低瓦特的燈泡發出低能量輻射，直照在腫瘤上，產生格外的熱度。基於學理上的研究，他曾工作在只有正常肌肉血管容量1／200流量的腫瘤上，沒有能力散熱它自己。他採用一個小燈泡來源的低輻射光，肌肉吸收熱度，腫瘤也一樣吸收熱度，但無法散熱。很快地就比旁邊圍繞的肌肉來的熱，為此，旁邊正常肌肉組織覺察到腫瘤是異常物，很快的發起消種、幫忙散熱的動作。

請意會，這正是身體經過提醒而自然發起的自癒本能。也就是説，自癒本能一直在體內隨時準備救援的工作，只要身體內傳導的管道（神經系統）不要被負面的情緒過量估據。

這樣的瞭解，Dheeraj深信身心靈是渾然一體不可分的。醫學界偉大的貢獻少有如此的考量，為此，Dheeraj致力於以靜心為基礎的治療藝術。如此的當他學習於聲音的進行式中，他發展一個方式去紀錄。找到循環式的圖表，可以簡單的描述音調與身體特定器官的關係。例如他可以記錄發生在他用聲音震動肝臟時的情形，再找出對肝臟有意義的頻率，一個超音符的出現。在這種方式下，他學習到每一個器官有它自己特有的頻率，來解釋出一個特定的電器迴路。對於聲音的學習過程，變的越來越精練，越來越有效率。所有的時間用來作肉體的接觸，透由心跳，帶出脈動的高頻週波。

他強調這般心的聯繫稱為是「與心同謀」的工作，因為每個人都可以知道我們在做什麼，每個人也可以知道如何去回應，這樣的身體工作是非常自然的。透過神經系統傳達心跳，也可以說傳達心的力量，你可以「玩弄」一下身體，由一個點到另一點，鬆緊之間感受不同的電流流動，而運轉了特定的器官能量，甚至可以說，你有效的解開病痛的原點。

有一次Dheeraj給個案，是一位電影製作人，曾經製作過片名叫「星球生命的秘密」，影片是由Stevie Wonder負責配樂。當時影片的宣傳招牌高掛在高速公路邊，令人驚奇的是上面有個環型圖樣，非常類似Dheeraj用來記錄聲音資料的圖案。

原來那是電影製片人有一次前往西藏旅行時帶回來的唐卡。Dheeraj之前雖然獲得接觸道教師父的教導而帶來極大的益處，但是彼時Dheeraj心裡似乎又一次的被觸動。他開始尋找任何在加州附近落腳的西藏人，殷勤察訪。他與Kalu仁波切（1982年首位來台弘法的西藏喇嘛上師）及許多位仁波切開始了極佳的朋友關係。

當時Dheeraj留著一臉的鬍鬚，兩邊各有大捲毛的鬢角。回憶第一次拜會Kalu仁波切時，他朝向仁波切走去，仁波切微笑的注視著他，一邊斜對著他侍從低語說：「去問問他到底怎麼樣能夠通過中陰身還可保留著他的大鬍鬚？」原來，當Kalu仁波切還是個年輕和尚時，有位老師正是擁有像Dheeraj一樣的捲毛鬢角大鬍鬚，一樣有一道傷痕在左眉骨上，講話的聲音也一樣，不久發覺連很多小脾氣都像。

他請Dheeraj一起坐在桌旁，開始談起他的這位老師，一位非常狂熱的傢伙。西藏人一向相當狂野，即使用西藏人的標準談起這位老師，還是與眾不同；他老是試著想找出方法，如何把他的工作傳播給大眾，讓它有益於大家而能去治療自己，尤其是精神上及情緒上的問題。

當他有著如此奇怪的念頭，自己也知道這是個十分狂放的想法。因為密教的上師長久以來以法不傳六耳為前題。當時還有四位西藏上師一樣認出他正是他們以前的老朋友，名字叫Jamyang Wangpo Khyentse Rimpoche，死於1940年，四十九天後，Dheeraj的媽媽懷了他。

經常與仁波切請益的Dheeraj，有一次拿出剛寫完的一本書，被其中一位Dujam仁波切輕敲封面，也不打開來看就說：「這是本非常古老的西藏經書。」即使Dheeraj辯說這是他才剛寫完的一本書。更令Dheeraj驚訝的是，他再去拜訪Dujam仁波切，這位上師用藏語叫他「Garuda」，意思是這個人由天堂偷了東西，拿回到人間給陷在地獄的朋友們。

Dujam仁波切要求他「Sing and dance the A.B.C」。Dheeraj很驚訝的就是，遇到的西藏人就是可以直覺地知道事情。以他的研展工作，是以英文字母來使用學習於聲音的連續順序，或是機動的連續順序套入英文字母內，怎麼這個傢伙會知道呢？

Dheeraj暗忖著Dujam仁波切的要求「sing and dance」，接著更令人吃驚的是，隨著吟唱與舞動，他似乎以光速神遊到超空間般的境界，不管是遊到哪個方向，在那個時候，他同時可看到一些年輕的西藏人及其他拜訪Dujam仁波切的人。〈這種情境神似現代先進科學家所描述的宇宙全像〉

這些西藏上師們的門徒時常對他覺得忌妒，因為他所能接受的訊息，甚至從未被提起過。他們問上師，這個人甚至可以治療癌症，為何我們不能？我們跟著上師這麼久，而他只是新來的。Dujam仁波切的回答是：「當你曾經到過地獄又從黑暗中出來，你將獲得了不被預知的力量去治療別人。」

爾後Dheeraj經歷性病發作的經驗，還好沒惹上後續的麻煩，這是引導他個人對疾病治療的實驗。他說：「我的身體是我的實驗室！確實的掌握機會，經驗在不少疾病的傳染時，能觀察自己工作在身體的方式。」他有個非凡「刀槍不入」的感知，就是允許自己在疾病裡靜心，以自己內在的火燃燒掉病源。這真是偉大的禮物，教導他越來越明瞭治療的力量，也給他自信而能夠去幫助別人。

1983年，Dheeraj與Osho取得聯繫。當時他想自己的工作已經完成，可是不久，他領悟到他的工作只完成了一半，對女性及接受性的一面仍是未知的，從未對自己生命體內存在的女性陰柔面珍惜過。

一個新的瞭解昇起，使女性面自然的來到他的生命中，幫助他的見解成為全然的。他接受Osho的引導，並且得到一個新的名字，意思為「信任的芬芳」。Osho將Dheeraj的工作賜名為「西藏脈動」，並指出Dheeraj所使用的技巧，曾經在西藏的修道院中相傳了2000年之久。

1992年，達賴喇嘛拜訪印度Poona，與Dheeraj會面時也指出，他的工作在西藏已失傳千年之久，再次見到這個技巧的傳承，覺得值得祝福。並且細聲的在他耳邊說：「真高興又見到你回家了。」

十幾年來，在印度奧修社區中發展New Mind的過程中，Dheeraj決定將自己的工作公諸於世的夢想付之實行，他想發行他的書「where does the world come from」，打開對中陰身見解新的視野，及與科學、醫學領域的連結，探索他發現的經過及研究治療過程。

1997年，Gangchen喇嘛邀請他至義大利位於Bagni di Lucca Tuscany的世界和平地球村，這個具備天然療效的地方成了Dheeraj孕育最後一次教導「Temple」傳承的殿堂。

1998年七月，Dheeraj以where does the world com from為論文，得到米蘭世界和平組織附屬學院的博士學位。

跟著他工作及學習多年的朋友們，現在依然繼續的在世界的某個角落探索及傳遞著他內在或外顯所發現不可思議的綺麗。

脈動從未停止！

第三章

學習的來龍去脈

我們總是有驚無險的一路走來，
以自然界的規則，
明白人生一直流動在七步曲中。

1998年六月初，vidya由墨西哥市飛往義大利比薩市，再搭車到班尼里如卡，一個純樸清麗的小山城，以極為熟悉歸隊的心情向Dheeraj報到，準備參加西藏脈動New Mind的第七道課程「Temple」。這是Dheeraj準備多時而且宣稱是最後一次他親身帶領的課程，參加的朋友們必須完成六個wave的New Mind，才得以加入這一次的課程。等大家都安頓好，來自世界各國的老朋友們再次匯集一堂，人數共為一百零八位。Dheeraj的女朋友Kalpa笑稱一百零八位朋友們好像代表著中國封神榜上的一百零八位星宿。

1970年，Dheeraj在美國加州遇見當時道教總會會長倪化清，告訴他曾經是中國歷史上的文王，Dheeraj聽了覺得暈眩不已，一時無法辨知時空的轉移；因為他之前常會看到自己被囚禁在一個陰暗的地窖，屈膝窩在角落裡撰寫記事，倪道長說彼時他正在獄中演算八卦，也就是易經的前身。為此Dheeraj跟在倪道長身邊學習了近十年的時間，將他對中國道教的理解及最近一次前身在西藏修道院密修的記憶融會貫通，轉釋成現代人可以理解的技巧，同時自己也將這個技巧用在很多身邊認識的朋友上，成為具有實效的治療藝術。

當他的喇嘛朋友告訴他，應該去找一位「心」的師父時，他恰巧在電視上看到Osho的報導，令他有一份莫名的悸動，想成為Osho的門徒。因此Dheeraj寫了一封信給Osho，要求成為他的門徒，但是Osho的回覆是「不」！因為Dheeraj字裡行間攜帶著暴力的訊息。Dheeraj又回信問道：「攜帶著暴力的訊息如何平撫？」Osho說：「人的身體中，牙齒及指甲攜帶著暴力的訊息，你說該如何平撫？」Dheeraj居然自己動手拔下一顆牙齒，放在信封裡寄給Osho。

1983年Osho接受他成為門徒，給名為「Sw. Shantan Dheeraj」意思為信任的芬芳。Osho讓Dheeraj開始在普那社區進行這門治療藝術的實驗，賜名為「西藏脈動治療學院」，並且將社區內金字塔的建築內最大的一個教室，以密教宗師「Naropa」為名，指定給Dheeraj帶領西藏脈動的課程。十餘年來Dheeraj主持的西藏脈動治療學院，即使在普那社區淡季時期，一樣吸引數百名學員參加團體課程，是每年為社區收益最多的學院。重要的是西藏脈動有非常深厚嚴謹的學習系統，可以持續的啜飲能量的洗禮。在社區內要見到西藏脈動的學員們，大概只有在用餐的時間，否則大部分的時間都在做練習，一如修行人每日持咒禮拜般不願懈怠。

Dheeraj本身也一樣不斷的練習，以身作則，一直陪著大家 ，由Green wave、Red wave、Blue wave、Yellow wave、Sparkle wave、Violet wave，直到Temple。每一個wave似乎可以獨立，事實上必須一路跟上六個wave意識洗滌的過程，以準備進入第七步的Temple，成為完整的循環。再加上訓練課程Intensive I&II。幾年下來的訓練，身邊的朋友們，相貌、性情逐漸改變。靜心的品質像盛開的花朵滿溢著芬芳。

當然期間也曾被黑暗期吞食過，正如Osho說的：開始往內看的時候，你會與你的地獄打照面。還好Dheeraj一再的教導中，我們勤快的工作在自己身上，體驗身體能量的流動，與身體二十四個器官連結於二十四節脊椎神經發展出不同能量的屬性，及不同的電氣流動迴路，卻又極其精準細緻協調的一起運作，與大自然二十四節氣相呼應。現有科學家就立言影響人類及生物情緒最大的是自然界的氣候交替，直接影響體內賀爾蒙的作用引發種種難以言喻的心情。仔細看來好比脱胎於中國古來農民敬天地、依順時節稼種，智慧累積做出類似的訴求。

在西藏脈動的學習系統裡，可嗅到易經的味道，但不是只拿幾個銅錢擲爻占卜，而是利用這樣的瞭解，工作在人體的神經系統、生物電能的流動裡，我們總是有驚無險的一路走來，以自然界的規則，明白人生一直流動在七步曲中。所謂的七步曲，可以藉人生意識成長期的模樣做個解釋，例如出生到六歲間，餓了要吃、累了要睡、睡醒了要吃，黏著媽媽抱著奶瓶的模樣，就是人生的第一部曲，由此展開了人生種種的歷程，每個人都是獨特的生命體，正如其他人一樣。

在西藏脈動的七步曲中，我們能夠逐漸瞭解也懂得利用生物電能電的特性，在每個個體下工夫。也就是說每個個體都攜帶或多或少的正負電荷，在兩個或兩個以上的個體接觸時，電荷就會自然的互相撞擊，進行正負電的結合，生命也是起於這樣的結合。重要的是靜心品質的接觸，是必然的條件，可以迅速的起動電流運行出美妙的磁場；磁場的電流是互動，是你來我往的，是可以結實的滋潤我們已存在的電能。正如我們可以感覺親人及愛人間的擁抱是多麼的滋潤，難怪有人說擁抱是靈魂的糧食時，很難加以反對，因為人與人的接觸，渴望愛的交流是與生俱來的。

因此透過能量流暢的運作，我們好像重新倒帶般，回顧曾經有過的傷痛、快樂、悲傷、甜蜜、寂寞、喜悅、害怕、恐懼、憤怒等等的情緒時，就像一道光亮，讓我們看到一切只是能量的來來去去，何其無辜！何其善哉妙哉！只因頭腦如此認同剎那的感受而陷入混亂中，為此Dheeraj將西藏脈動的技巧稱為New Mind，以完整正負電荷的交換後產生的放鬆狀態來看穿。既然是能量的流動，情緒隨時會引動，會來來去去，但是你不再以舊的模式去認同，反而可以輕快的高唱著人生七步曲。讓你的能量是流暢的，觀照才可能存在。觀照的片刻，只有發生在能量是流暢的。如心的能量是磁性的、是互動的、隨時流動的，當你有愛的感覺，是心的能量在流動，只有此時此刻，你才能體會什麼是觀照。因為能量流動順暢時，你不會有任何批評，不會有任何恐懼，只有悄悄的融化著，沒有主客體之分，觀照成為最有可能的片刻。

而頭腦是靜電的，靜電的意思是正負電荷不活潑、不準備做接觸或進行交換的。頭腦可以做最偉大、最繁瑣的企劃案，可以天馬行空、無遠弗居的遐想，可是絕對感受不到一絲絲的溫暖或是愛的感受；它的功能是支援「心」的反應本能，以便傳達給丹田作為行動的依據，它必須是完美的資料處理中心，訊息的傳遞，時時必須保持清晰而準確。可惜我們的頭腦老是充滿了一大堆的噪音，來自家庭、來自社會、來自文化傳統、來自過度的操作，使電器迴路發生短路現象，佔滿了原本就極度忙碌的收發頻道，幾乎用了大半的生命能量來維持吵雜不休的大腦，心都快乾枯了。

西藏脈動的技巧不是硬生生的叫我們丟掉頭腦〈No Mind〉，而是利用心脈能量磁性的特質加以連結，使互動的力量加強到足以融化頭腦的噪音。這種深度放鬆的經驗，又像一展燈光明亮了一個瞭解和體諒，讓大腦善盡它的職責，而不是過度催促，讓心盡情的熱愛，恢復敞開的磁性本質，互相支援生命的機制，實踐與自然界共存的生命體。

Osho師父去逝前交代他的牙醫，請門徒們發展能夠工作在牙齦的治療技巧。基於Osho的瞭解，有生以來〈不只一生〉的秘密，都深藏在牙齒的根前，而西藏脈動New Mind正是工作在口腔內的骨骼構造內及牙根前。在Dheeraj生命中最後的六年裡，帶領大家致力於New Mind的修持，跟在他身邊的人意識蛻變，難以言喻對外人訴說，只有共修的朋友們清楚的感受到內在日益清澈淙淙的流水聲。因為他是如此的狂熱於意識的蛻變，在Osho去逝數年後的社區內，已經醞釀一些抵制的聲音，認為社區應該像個開放的渡假中心，而不只是門徒們佔據的地方，或是像個修道院組織的地方。

Dheeraj瞭解這十幾年來，西藏脈動的能量在社區內飆得如此高，慢慢趨緩的是必然的現象，只是人為的毀謗令人不悅罷了。但也藉此Dheeraj在1997年初決定離開社區，接受義大利羅馬朋友們的邀請，將一個稍嫌荒廢的建築整修後，作為脈動朋友們再次相聚的西藏屋。就在這裡Dheeraj教導我們New Mind的第七步「Temple」，同時也接受了聯合國世界和平組織附屬人本學院頒發的榮譽博士學位。他的論文是取自他在社區內帶領六個wave時的講稿編輯而成，當時他親口囑咐要這本著作交給Vidya翻譯成中文，把他帶回到中國人的地方。想起來真的是收受重託而不自覺，一心只想練習自己的西藏脈動，而沒有想到老師的託付與期許。

直到1998年九月二十五日，Dheeraj在羅馬的醫院離開身體後一個月，Vidya才失魂落魄般的回到台灣，不時悲從中來、嚎啕大哭，跟了六年摯愛的老師，再也看不到了，感覺自己孤單極了，根本沒心思做翻譯的工作，只是偶爾望著厚厚的文稿發呆。

生活上的需求還是不容許悲情來取代，應徵了幾個工作，沒有人理會一個離開社會六、七年的人。所幸給了一些session，有幾位朋友有興趣學西藏脈動，就做了小小的開始。在課程的學習過程中，學員們分享了一些個人的經驗，描述起來像是奇蹟般，當然我們的身體自癒能力就是一個偉大的奇蹟。

談到奇蹟，西藏脈動的技巧曾經幫助很多人脫離病痛，但是Dheeraj不願以治病為題，他說：「我們不是醫生，我們不是治病，我們是走一條恢復人類靈性無邪的原創性的路。」我們曾經歷很多難以割捨的痛，而這痛是來自Ego的執著，每一個人的身體是完美的，能量是最純潔的，是不會生病的。生病的感覺是來自積在神經系統內過多的負面電荷，干擾了身體能量的運作，而使身體各個器官功能不再完善的彼此支援。身體痛的感覺是提醒我們需要學習覺知能量的運作，以便保持能量流暢的運轉。

身心靈是沒有分野的，不需要等到身體生病了才來著急，而要預先的清除負面能量的積壓，使身體的能量流暢的運作。在情緒面的感覺，流暢的能量就是愛的能量；愛的能量是流動的，是融化一切的，愛就是療癒的力量，愛就是奇蹟。在某個程度的說明，療癒是一種主動趨向內在的過程。關照自己的習性，覺察自己的態度，以接受性的柔情，允許有迴轉的空間，來釋放所有阻礙個人情感及心靈清明的負面電訊，西藏脈動的靜心技巧，正是提供了這種強效的可能性。

Dheeraj常提醒學習西藏脈動的朋友們，絕不可以治療師自居，因為每個人都有自癒本能，不需要到處去問人為什麼？所有的答案都在自己身上。脈動的技巧是幫助朋友們往內走，「師父就在心頭座」。Vidya深深瞭解Dheeraj的教誨，脈動是需要實修的學習系統，地圖都有了，無論如何還是得親自走一遭，誰也無能替代。希望這份美好的禮物，持續這樣的堅持，不斷的由朋友傳給朋友。

回想自己十幾年前困頓在情緒的憂愁孤城裡，身體無以名狀的酸痛，使昔日在工作上匹夫當關的神勇沒了勁，有如灶頭冷了火，漸漸地懷疑自己那兒做錯了？不然就是千百遍的問自己為什麼？傳統的先想到求神問卜，找高明指點，往往宗教最是適時的提供方便之門，可惜生性頑劣，一時無法臣服於偉大的教義〈因為實在聽不懂〉。一天在書店裡，毫無目的的東翻西看，直到書店的音樂響起，溫柔的聲音向大家道晚安，順手從書櫃上取了兩本書到櫃檯結帳，回家後，隔了幾天，才想起坐下來閱讀這兩本書。原來是出自Osho師父演講彙集成冊，經由謙達那的翻譯神韻浮現，將Osho師父的智慧毫不保留的躍然紙上，一頁一頁的翻閱，開心處不禁站起來又笑又跳，歡喜出自一位成道大師的教誨，居然是如此的親切，如此的輕鬆，窺見了自由的心情，又像奇妙的戀愛發生了。透過書上登錄的電話找上謙達那，跟著他一訪Osho師父在印度普那的社區，非常感謝他的照顧及自願做翻譯，當時就挑上了西藏脈動綠波的四天體驗課及另一個短期的團體課程，有他這位大哥大級的護航，羨煞了許多台灣的門徒朋友們，也順利的享受了從未有過的靜心活動，身心得到了適時的釋放，三個禮拜後回來台灣，很快的恢復庸庸碌碌的生活，只有Osho師父的照片陪伴著。

一年後的某一天，突然很強烈的心聲迴繞「普那有人等著妳」，聲音持續了幾天，而且非常強烈，後來實在經不起自己的好奇心，儘快的辦好印度簽證，買機票定機位飛向印度去。抵達普那夜宿旅館，當晚即夢見自己坐在草編的床鋪上，兩位西藏喇嘛對著我向前走來，伸指按住兩眉之間說：「照顧你的第三眼，我們會幫助你。」在夢中很清晰的凝視第一位師父，見他有一雙奇特的眼睛，如同西藏拉薩寺廟外所描繪在塔牆上的眼睛一般。這夢境如此的真實，而且從未再夢過，即使現在，那雙西藏特有的眼睛，依然震撼。

第二天進入社區前，遇到台灣門徒，當時並不認識她，可是她直呼我名說：「我們知道你會來。」她解釋道：「因為社區內所屬的西藏脈動學院團體課程需要中文翻譯，但是團體已經開始了，卻沒有人能擔任，因此詢問團體的指導，也就是我們的老師Dheeraj該如何是好？」他說：「別擔心，有人會即時來到擔任翻譯。」所以她認定來人即是。急忙推拒說：不可能的，本人的英文很差，還需要別人當翻譯呢！閒談之間提到昨晚的夢境，她又起了勁說：「對！一定是Dheeraj，他的眼睛是很奇特的，既然這樣，妳一定要去看他！」她這麼熱心，再加上自己的好奇心，腳步很難不跟著移動。很快的進入了西藏學院專屬的團體教室，位於金字塔式的建築內。

當時Dheeraj正開始進行「讀眼」，偌大的幻燈片投射在白牆上的是學員的眼睛，Dheeraj款款闡述眼睛是如何形成各種不同的記號。片刻中，真的愣住了，同時也知道這就是了。硬著頭皮答應當翻譯而進入了團體，但是實在太難懂了，一大堆專有名詞，以致不得不特別的用心，也就是這樣子，開始了西藏學院所有的課程，反覆實習，無悔的直到Dheeraj去世前一個月，與他分享進西藏脈動的淵源。他說：「西藏脈動的技巧是工作在第三眼，對人生自在了然。」才恍然大悟，原來催促自己到普那來的聲音，說有人等著妳，那個無形的人正是自己的心聲。

西藏脈動除了注重個人的親身體驗外，Dheeraj也教導了我們許多有趣的知識，幫助我們印證session的效果。回首自己以前覺得老是在五里雲霧中，而今漸漸雲破月出，滿懷感激Dheeraj的教導，看到他時只有深深的擁抱，而沒有多餘的言詞去表達。

有一次聽到Osho的演講說：偉大的老師就像個空房子，裡面沒有人；當你對著空房子說感謝時，裡面沒有「人」！Osho說裡面沒有人，意指偉大的老師只知道給，而沒有自我〈ego〉，只有自我會想到來自別人的感謝。告訴Dheeraj：聽到這段話一直想到他。他淺淺的微笑，輕輕的抱著Vidya說：「感謝妳自己，妳為妳自己的人生進行了一件值得慶祝的事。」基於對Osho師父及Dheeraj老師的感激，願意以有限的文字，將認真學習體驗的經驗，盡量的分享給有興趣蛻變的朋友們，瞭解到業力是可以轉化的，指令是可以改變的。

西藏脈動涉及能量集散，正負電平衡的理由神秘而深遂，透由Dheeraj深入淺出的解釋，宇宙與人體脈息相通的現象，依然需要個人意願探求，慧根展露體會在心頭。僅以Dheeraj的教導，加上自己多年學習的心得做為回饋，至於體驗的部分，建議參加團體是最為安全及有效。因為能量的整療是一種相當神秘的過程，需要非常有耐心及有經驗的leader或session giver照顧療程及技巧的學習。當你有所疑惑時，也能有適當的對象作為諮詢。非常重要的是有朋友能互相支持與分享。

西藏脈動異於其他靜心技巧的地方，可能讓你先看到陰暗面產生警覺，再藉著朋友連結後強勁的能量及心量流動的特性，使正負電再次能平衡，因此會有一段段的心路歷程重新浮現。只要朋友們深深記得，所有的情緒是你個人人生中無意識的累積，千萬不要怪罪任何人及任何靜心技巧的觸動，因為過去式的經驗，使自我逐漸執著於某種相信，以為陰暗面是負面，其實不然，所有的技巧只是在幫助放下對自我的執著，只是靜心前的準備，一旦釋懷讓所有的情緒都有權利流動，恍然一切事態必須先反求諸己，這樣我們才算是開始了內在旅程的第一步。

第四章

過程的風潮波動

幫助興趣於意識蛻變的朋友們，
移開生病前的原因，
解開情緒上心理上的糾葛。

Iswar Hung

1998年八月Dheeraj親自交待將他博士論文成冊複印一份給Vidya負責中文翻譯的工作，希望把西藏脈動的真情帶回到東方人的國度。回來台灣六、七年了，三不五時，朋友會問道：西藏脈動的書寫了嗎？Dheeraj 的書翻譯了嗎？汗顏的是還懸在半空中。

十年前曾經到過印度普那奧修國際社區待上一陣子的朋友們，應該會有印象，當時的西藏脈動學院是如何的盛況。在社區內有旺季、淡季之分，只有Dheeraj帶領的西藏脈動課程，在淡季時依然可以開立為期五十天的百人團體課程，旺季時更是社區內長達十餘年的熱門課程，直到1997年初夏Dheeraj離開印度社區，移師義大利。

西藏脈動治療學院是Osho親自給名，並將社區內金字塔建築最大的一間教室取號Naropa 1，指定給Dheeraj做為西藏脈動的專屬空間，經常有兩百名左右的學員們在此共同學習。有幾次Dheeraj慈藹的對大家說：「Osho常提起我們的地球只要有兩百個佛，整個人類意識將會有一個跳躍式的蛻變，這是師父的洞見，讓我們就在這裡發生吧！」

起初Dheeraj非常熱衷利用這門技巧治病，諸如各種腫瘤、癌症、愛滋病…等等，可是很快的Osho告訴Dheeraj住手，治病的事讓醫院去做。囑咐西藏脈動的技巧是靜心療法，是幫助興趣於意識蛻變的朋友們，移開生病前的原因，解開情緒上心理上的糾葛，覺知生命能量的原本和諧。所有的技巧都是為靜心做準備，使自己成為靜心者是人類最大的責任，覺察身體的病痛在心理上都有個找生病的傾向，都有個情緒上的線索。

美國一位著名女科學家Dr.Pert〈1970年初發現生物體內的鴉片受體而名噪一時〉，在美國國家衛生院擔任腦生化科主任十三年之久的她，曾經證實也鑑定了一些與情緒有關的生化物質，認為身心之間有著生理化學的連結，而人類這個有機體，就是一個完美精密的溝通網路。

這個概念重新界定了健康與疾病不是對立，是雙向溝通的，並賦予每一個人新的責任及更有力的生命主導權，領悟情緒是心智與身體的環扣，說明情緒分子如何功能化我們身體的每一個系統，身體有足夠的智慧尋求健康之道，有足夠的潛能保持身心健康。

早期Dheeraj曾經問His Holiness Kalu Rinpoche：您的教導是這麼的困難，而生命又是如此的受苦，不如自殺算了，讓一切受苦儘快地成為過去。Kalu Rinpoche微笑的看著Dheeraj說：「當你還擁有身體的時候，容納的痛苦是有限的，但是當你自殺時，乘機離開身體的痛苦有如脫韁的野馬奔馳，形成無窮盡的失落感，你的受苦將變得巨大無比，強而有力，沒完沒了，因為這些能量不再受你的身體約束。」

有的宗教會說成這是死後審判，進入地獄之火中的煉獄，在西藏傳統稱為處於死亡後出生前之間的中陰身。不管我們身體的神經系統維持著甚麼樣的電荷，在死亡時，需要全部釋放掉，否則無法進入下一個生命形態，直到死亡釋放閒晃在神經系統內全部的電荷。而這內含在神經系統的，不妨稱之為：靈魂。在佛家來說，人身難得，能有肉身來修持是非常珍貴而重要的過程，身體的覺知，只能在此時此刻，也正是靜心的精髓，活在當下！

身體是物質，所有的物質是由原子組成，是由電子、質子、中子的結合。電子帶負電荷，質子帶正電荷，中子不帶任何電荷，因此一個物體有相同的電子和質子時，不會含有電荷，反之數量不平均時，物體就會帶有電荷。電荷是電的基本性質，是造成電子和質子互相吸引和互相排斥的起因。電荷量既不能創造又不能毀滅，只能由一個物體移到另一個物體。每一個電荷周圍都充滿了電場，活動時還會產生磁場，是一種相對性的原理。

電子會像陀螺般的自旋，自旋的電子創造出活動的電荷，於是又產生另一個磁場，往往強過電子活動軌跡所產生的磁場。隨處看到的物質通常都帶有磁性，因為磁性是光的基本成分，走筆至此，心理暗想這物理課本對電荷的解釋可以有些意義延伸的體會，所謂靈魂不滅，死亡只是轉變到不同的另一個形體，應該不難瞭解，差別的是我們有多執著於看得到的物體。

同樣的，在西藏脈動對電荷的用語是用來提示人體生物電能，陰陽能量結合順暢與否而形成的性質。當生物電能順暢就如電荷們攜手言歡，陰陽交融，相親相愛，一路舞步滑溜，傳導愉悅的氣息。否則各自僵住一旁，陰沈了起來。如此無端端的生起悶氣來，想要再次活絡電荷的交換，最好能有強於獨自沉悶，重新起動電流的動能。

為何西藏脈動連結兩人以上的能量運轉，被稱為強效的治療藝術，可不是浪得虛名。或者以男歡女愛，激情纏綿，陰陽能量交流自然溶化而帶來放鬆及再次的新鮮滋味，似乎是異曲同工。在能量交融中保持覺知與靜心品質稱之為Tantra，否則稱之為性行為，之間的舒暢，有心人稱之為大喜樂，而不需要透過性行為的大喜樂，在西藏脈動治療藝術裡稱之為「與心同謀」。

Dheeraj記取Kalu Rinpoche的教誨，致力於如何清除神經系統的閒蕩電荷，讓進入中陰身全力釋放電荷時，免於任何非必要的刺激。他常笑稱我們在做死亡前的準備。

Dheeraj在印度普那奧修國際社區，十餘年來傳授西藏脈動的課程，內容以身體二十四個器官的專有屬性組成精密的網絡，分佈於皮膚表面脈點，配合顏色、聲咒、音樂、唐卡等調製出種人類潛意識的主觀性，符合四種不同電流流動的位置，有如詩歌般得以傳誦。

被暱稱靈魂之窗的眼睛，虹膜上等分二十四格，可讀出身體二十四器官能量在神經系統傳遞刻成的記號所代表的訊息。右眼呈現男性面的主動和積極，左眼呈現女性面的被動和接受。Dheeraj會教我們先用眼罩蓋住左眼幾天，感覺自己的心性跟平常有否不同，然後再把眼罩換蓋住右眼幾天，一樣小心感覺有何不同。至於有何感覺，可以在安全的環境裡自己經驗一下。

西藏脈動課程提供的系統嚴謹而龐大，也容納了易經的推演，學員們大部份會以助理的身份回來重覆練習。Dheeraj要求大家著重身體工作及靜心觀照，以為要用力頭腦記憶及知識的學習反而是最大的絆腳石。他說神經系統是最完善的溝通網路，是生命所有傳導物資奔馳於上用來忙碌溝通的路，當然得保持暢通無有阻礙，既然是無有阻礙，自然會融會貫通。

後來更是要求必須先上完三階二十八天一期的New Mind，確定先落實以心跳為動能的脈動，體驗內在和諧自然韻律，才能推己及人。免得初學乍練讀眼的課程，不自覺中容易以負面說詞解讀。

Dheeraj提醒學員們小心用詞，他說潛意識忠實地記錄並只接收肯定句，肯定的負面句確實或多或少帶有殺傷力，相對的正面的肯定句也有潛移默化的功能。每當團體課程中有人埋怨身體那裡痛，這裡痠，或是訴苦被莫名情緒翻騰得不知如何是好，Dheeraj都會微笑的說：「Good！Good！」

他說人類的覺知起始於負面的感受，所以負面的感知是帶路的先知，帶來反應不能說是不好，認同負面不是不好也不是好，請耐心的陪伴自己走過深度洗滌的旅程。

或者說是生命較粗糙的不平衡正趨向精緻的交換過程在流動著，請允許平衡與不平衡無礙的改變，也允許改變盡情的表演。如此行行復行行，突然間，你察覺到自己是如何的在過程中，一而再再而三重覆玩弄同樣的詭計，一念之間你覺醒了！你放下了！

談到New Mind正是西藏脈動在社區內中後期的強打課程，著重在人生七步曲的瞭解，一旦釋懷人生歷程的演變，在在無有偏袒，自然免於過程中的執著。這個課程以四個器官為一組，類別一個色波，二十四器官分六種色波為名。這個技巧是Dheeraj內觀修持，觀照出神經系統與器官與脊椎之間的回饋電路，一再實驗，發覺工作在口腔內，效果最為顯著，正好呼應Osho離開身體前，囑咐門徒們發展可以工作在牙根的治療技巧。

Osho發覺牙根的神經攜帶著深遠的記憶，為了靈魂能夠自由自在世世代代吟唱下去，釋放滯怠的電荷是必要的手段。

1997年初，六色波順利的演繹完成，Dheeraj直指六組New Mind的架構稱為脈動六瑜珈，其精神正是源於Naropa Six Yoga。1998年六月在義大利近比薩的一個小山城班尼里如卡，一百零八位學員跟隨完成New Mind七「Temple」的課程，也就是Dheeraj生前帶領的最後一次團體課程。

同年九月二十五日他在羅馬醫院離開身體，當時令大家驚愕不已，引發很多無以名狀的情緒，甚至憤然大肆批評，種種情緒參雜一時混淆不清。原來緊緊跟隨，一路顛簸於這條路上，不自覺抓住Dheeraj的帶領，剎那間人走了，繩索斷了，死亡是他的告知。朋友們！該給的都給了，開始走自己的路吧！

聽說Osho離開身體後，很多老門徒一樣有類似的情緒，怪罪師父的承諾尚未完成就先離開了，追隨的路徑尚未成道就撒手不管。深深哀慟掀起自己的舊傷痕，也許是恐懼、是悲傷、是憤怒、莫非師父的慈悲正是綣藏在刺破門徒們的幻覺，那一剎那間一切攤開，每一個人還是得單獨走自己的路，師父是曾經為你掌燈的人，人走了，燈還是亮著，亮在跟他心心相印的人，將亮繼續的傳遞出去。

Vidya是Dheeraj生前認可唯一台灣籍的脈動資格師，從印度到義大利全程跟隨Dheeraj的教導，勤練技巧，受惠良多。1999年初由歐洲回到台灣來，起初無意於西藏脈動課程的帶領，被朋友識為自了漢，只顧自己好。爾後受到朋友們的鼓勵，才開始New Mind I Green wave的課程。在台灣受限於朋友們需要上班工作，只能利用週休的時間，緊湊練習，反而使朋友們更珍惜共修的機會。

六年來，Vidya的心情，有時像萬花筒，有時像一杯清澈的水，有時擔心自己不夠精進。其實漸漸的看到身邊的朋友們無畏於蛻變前的酸甜苦辣。個個能量精緻了起來，即使一陣陰霾罩頂，很快地就察覺而放下，念頭不再像初學時那般不輪轉。Vidya帶課程越來越輕鬆，才體會到為脈動的朋友們護航，大家的精進也正是自己的精進。

感謝身邊脈動的朋友們，持續一路走來。曾經走在某夜寂靜的路上，突然想到幾位一直堅持持續練習的朋友，即使不時的得與自己的黑暗面對眼的恐懼撥弄，依然全然信任這門技巧，一陣鼻酸，Vidya一路哭回家，想是在他們身上看到了自己，也看到了吾道不孤。

每個人內在都有著最自然的渴望認出自己靈魂深處的自由，在自己身上下功夫，永遠是最值得的事情。不論是依隨甚麼樣的技巧，持續練習就是不二法門，你會發覺師父就在心頭座，你就是自己的老師，答案就是在你自己的身上。不用懷疑，是真的！

讓我們一起下功夫，一起跳躍，讓師父的洞見成為一個最大的可能，讓人類的意識來一個大跳躍吧！

第五章

記賽斯書的緣起

不是要讓自己修得多好，

是接受當下的自己，

讓自性自在發亮，認出當下的威力。

Iswar Hung

去年端午節下午拉著賓漢陪同，前往誠品書局看看在做著作促銷會的許醫師。兩年前也是在誠品書局買下他的一本書：「你可以不生病」，讀著時心裡大為讚許，臺灣居然有個正統醫師敢放言如此的真知灼見，看來臺灣的醫療界有希望了。因為大自然只要有一顆種子發芽，就能帶給大地一片的綠。

知道他在台中市的活動就興高采烈的去捧場，當然也是去看看他的廬山真面目。對賓漢說他就是擁有正式醫學資格背景，並且特立獨行的將賽斯心法運用在身心醫療上的傢伙。

對於我們這些興趣意識蛻變，工作身心靈合一的實踐者有種吾道不孤的鼓舞之情。這位聽不懂中文的美國賓漢先生也準備藉機問問台中那裡可以有賽斯資料的英文版，答案是博客來的網路書局。

如果有朝一日也能在書局看到Vidya寫的書，應該要感謝跑來參加許醫師的作品發表會。聽到像他工作這麼緊湊的人，居然出版了十一本書，真不是凡人之舉。

當下也看到自己喜歡躲在角落納涼的推拖之詞：書店一大堆書可以看還寫甚麼書？這是朋友告訴我應該寫書時所得到的回答。

回來台灣五、六年，給了幾百個西藏脈動的個案，帶領了近百次西藏脈動的課程，學員們反應希望有關西藏脈動的書籍能夠見世，讓實質受惠的朋友們有個分享的題材。就算學員們無法翻版在課程裡Vidya說學逗趣，大家笑得前仰後翻的鏡頭，或者如何與心同謀帶領大家的能量協調後的那種幸福滋味，至少要有本書，書名叫《西藏脈動．與心同謀》。

說的也是，在課堂裡常提醒學員們在人生旅途要義無反顧，當仁不讓，偏偏就沒有人用這句話頂撞Vidya對寫書的拖詞。也許平常的為人一向言及義及，以身作則，讓朋友們來不及用指頭對準揶揄。

自己是賽斯書的忠實讀者，對於一位真愛熱戀參悟賽斯，反哺眾生的道中之士，於心於行都想義不容辭的支持，興致勃勃的聽許醫師講了個把鐘頭，聽他在大庭廣眾大剌剌的說多吃藥是找死或者是壞死〈台語〉，醫生要治療人，關懷人心，而不是治病，用藥壓病，讓我們二十幾年不吃藥，身體不舒服時只會讓自己多休息的人哈哈大笑。

當然對自己寫西藏脈動的書也觸動義無反顧即時執行的意念。當時買了四本書讓他簽名，這可是生平第一次買書讓作者簽名。

之前陸續買了他的幾本書，也大力推薦給朋友們，尤其是告訴我看不懂賽斯資料的，就請先看他的書。對Vidya來說賽斯書是需要一讀再讀，雖然看的時候有很多的哇！！！也有很多的嗯？？？而且也有很多時候是眼睛在同一段文字上掃瞄了數遍，腦袋瓜卻沒有同步效應，尤其是還沒有去印度奧修社區練習西藏脈動瑜珈前，那是1992年底前的事。

而開始接觸賽斯資料是在1991年初，和朋友去嘉義市逛到一家小書店。簡單的書架上兩本厚得很不尋常的書顯得很特別，尤其書名是《夢、進化與價值完成》，對一個每天醒來夢甚麼都記得清清楚楚，似乎過著兩個人生的人，格外有吸引力。另一本是《靈魂永生》，就像一塊小鐵片碰到磁鐵般，根本等不及回台中再買，就抱著兩本厚厚的賽斯書逛了一天的嘉義市。

這幾年在台灣帶領西藏脈動的課程，很愛提到賽斯資料的見解，對西藏脈動講義常有幫忙佐證旁敲側擊之妙。尤其有些不斷重覆被提起的問題，有些已經是在死胡同打轉多時的問題，例如婚外情、家庭暴力、親密關係的膠著等等。

在課堂上一直是盡力演出，大幅度的肢體語言，混合詩詞文言地方俚語穿插應對，甚至令人捧腹的鹹濕笑話，為的是告訴朋友們一個意念鋪設一張可能具體呈現的藍圖。

每個人的生命藍圖由無時空意念某個突發的意圖，千錘百鍊所細細勾勒，巨微分明，機能盡善盡美，以便順利登場的傑作。不是寄放在甚麼建築師或是甚麼機關單位裡，活生生的就是表現在我們親愛的身體。

身心靈不得分，有句話說的好，身體就是凸顯的潛意識，不管身體的高矮胖瘦，五官的大小圓凸，竟是內在潛意識的流動自動雕塑的表現。思想是意識而完成行動的則是潛意識。例如不經意的走過某個地方，結果碰到了曾經想念的人或是看到需要買的東西，彷彿得來全不費功夫，這就是潛意識在往外運作。

想想沒有了身體就失去了在人生大舞台行動亮相的機會，嘗不到在舞台上燈光聚集，鑼鼓喧鬧，出盡花招的樂趣；有著身體可以在不同的佈景，不同的戲裝，不同的戲碼，不同的觀眾的掌聲下，淋漓盡致演個痛快。

就這樣演練了一回又一回，越來越入戲，越來越認同角色的扮演，忘了讓演出人上台的階梯，正等待著台上的人兒，時間到了下台一鞠躬，演完了可以優雅的走下台階去。

或者忘了身體是一個意圖盡力演出的傑作，時間到了需要隱身幕後，重新考量下一齣戲的可能變化，那個片刻一定會來臨，卻令世間眾生心慌意亂呀！不如不知呀！怎麼成呢？

賽斯說：生命的意識不只是身體而已，靈魂永生遠遠超過我們被侷限的頭腦所能觸及的。硬要繼續這樣說，朋友們就如此回饋，講的很好聽，但是聽不懂，不如來做西藏脈動好嗎？

是的，為了忙碌演出，忘了我們從身體來身體去，因為身體太棒了使我們忘了連結與關懷，身體的功能太神妙了，使我們得意忘形。看來賽斯或是各代祖師爺所要表達的形而上學的最佳代表作，不正是我們每個靈魂進駐完成價值的身體嗎？該不該尊稱身體為道之門，一座有形和無形的旋轉門。

同時具備了有形的形體和無形的能量，運作得恰恰好，讓靈識安然無恙藉著身體來到了人間，也藉著身體離開了人間。就是用得這麼的好，想到要放下會捨不得，捨不得就執著了起來，一執著，恐懼就如影隨形。讓無形的能量流通受阻，形體因而僵持，僵化的形體使受阻的能量更加滯怠形成障礙。

因為這些障礙使人生少了些亮度般，看不清事情的來龍去脈，看不清情緒的起伏轉折，為了生存不是變得橫衝直撞就是畏縮膽怯，難免漸漸失去了對生命的熱情，不自覺的消沉起來。

以許醫師的醫療經驗在他書中常提起去找他治療的人，大都有好人的特質，怕衝突，自己生悶氣又不敢改變現狀。即使壓抑的能量強得必須在身體以疾病的方式扯拉警鈴，還是不經意的逃避著心靈的傾訴。可是生命天生有強烈求生的意願，有機會還是會找到想要找的助力。

現在慢慢地要進入主題的是，要等到能量扭曲以莫名的方式發作，再找助力，還是能夠即時覺知移轉生病前的原因。要打擊身體精密的保護機制不是我們想像般的容易，反而生病卻是啓動身體保護機制的訊號，要求身心靈同步運作的訊號。只是大部份的人們幾乎都生疏了我們奧妙的生物本能，或是加以誤解誤用，積非成是，遠遠脱離了真理，陷入茫茫然任其載沉載浮，無疾而終。

幸運的話，人生道路出了些狀況，還能夠有機會痛定思痛，仔細的問問自己到底怎麼回事？此時就不得不提到師父們的教誨，靜心是唯一的路，讓自己成為靜心者是唯一的責任。

心法要傳，功夫要學，馬步就得先蹲好，任何的技巧都是靜心前的準備工作，不是要讓自己修得多好，是接受當下的自己，讓自性自在發亮，剎那認出當下的威力。心無掛礙，無掛礙故，無有恐怖，遠離顛倒夢想，究竟涅槃。這也是兩年前一位朋友在黃波課程後上床休息前，滿臉光采的從屋內走到正坐在小院子裡看月亮的Vidya，告訴她的這個靈光乍然對西藏脈動的感覺，等不及的在睡覺前即時的想分享，回報她深深的擁抱和幾個親吻，然後兩人靜靜的沐浴在月光下。

呵呵．．是不是該讓西藏脈動的技巧上陣了？因為這個古老的治療藝術正是直接工作在身體的脈衝，運用最簡單的靜心技巧，舒暢神經系統滯留短路的生物電能，調節身體精密的化學物理作用，尊重生命能量的自然韻律。

願身心靈的大智慧無所掛礙。西藏脈動以身體二十四個器官能量的特性佈局，二或三個能量屬性形成一個器官的電路循環，相衍相生正負陰陽，浮凸情緒的百般風華，要無所掛礙就要先無所批評，視身體像似三稜鏡，生物電能像似一束光，透過而折射出五彩繽紛的光彩，如同人類種種濃烈醞氳淡然迷漫的情緒，落落大方鋪陳戲碼中可以精彩無比，引人深思，繼而擊掌叫好。

記得這只是戲碼的演出，每個角色的詮釋端看看的人有何觸動，別忘了觸動是看的人內在早已經有的情緒才能被勾引出來。例如幾年下來的殷勤練習，有幾位學員坦然的分享，以前動則批判計較的習性，突然覺察不見了！那個愛批判的人不見了！說的人在說，聽的人在聽，換個場景，剛剛的你來我往及時退場，完全不干擾。下一幕的上演，有時不禁問道：怎麼可能呢？是呀！怎麼可能呢？終於意識到停止問為什麼的時候，一切都是可能的。

第六章

紅波情事

外在一般福祉的實現

運作男女關係，
沒有足夠力量的結合與刺激，
那真是人類心靈深處的痛苦與悲哀。

一、卵巢／睪丸能量的運作及劇情的演出〈活力〉

談到婚外情，沒有婚姻就沒有婚內婚外的說法。婚姻是為了鞏固社會架構的標準樣板，幾乎每個人都活在這樣的架構裡，已經是理所當然的事。經過父母親友的祝福，法律的認定，甚至上帝神明的加持，婚姻的神聖無可置疑，那為什麼會有婚外情的事？

幾乎是立即觸動兩性戰爭般，夫妻反目，惡言相向，家庭破裂，造成社會爭議，八卦新聞狠挖的題材。如果當事人有勇氣的話，真可以登高怒吼，個人隱私，干卿何事？是的！真的婚外情有這麼十惡不赦嗎？值得大肆鞭笞嗎？不妨以賽斯的見解深入意識層面，掀開這道情慾糾葛的面紗。

有段話提到人類天賦的兩性提供了生命合作的基礎，使得肉體的存活及任何種類的文化交流成為可能的。如果兩性戰爭是如社會所假設的那麼普遍，那麼自然而兇惡，那麼男女之間真的不可能為任何目的而合作，將會經常處於彼此交戰的狀態。如果只有樣板式概念的男女關係在運作，就沒有足夠力量的結合力與刺激，那真是人類心靈深處的痛苦與悲哀。

這跟婚外情有甚麼關係？關係在是不是人類的意識愈加成熟，在這種過渡時期裡，試圖找出另一條可能的路，澎湃的慾望讓意在享受的性行為，做為純粹熱情洋溢的一種表現，試圖補平一種心靈曾被撕裂的痛，痛在被迫分隔在愛與性曖昧的制約裡，扭曲了人性的單純，阻塞了能量的流動。

愛沒有生命實質承諾，心靈無所憑依。愛是能量的流動，不用特定對象，情需要回應，需求有對象，性行為成為實際的媒介，經驗生物能衝動消長之餘的牽扯，片刻勾起天雷地火，身滅魂飛四散在所不惜。刹那彷佛甩入雲端，沒有時間、空間、身份，沒有了自我，情只是寶貝的生命呀！是生命中的有，也是生命中的空呢！

婚外情被定罪，罪在對婚姻的憧憬或是制約的束縛，或是意識的覺醒值得踩破一連串愛情的幻覺。這真的是非常個人性的體驗，而且心裡早已有所定奪。出軌是做，不出軌也是做。

常說到底甚麼事？為甚麼會讓人如此抓狂？是對方做了你也想做而不敢做的事，自己卻被道德觀約束不得不壓抑，為什麼對方卻敢打破這種禁忌，太沒有道義了。比較之下，好像自己不做報復誓不甘休，直到那一天真正的瞭解昇起。

性是生命的基礎，但不是生命唯一的表現。賽斯說：對性的概念扭曲，阻止了許多與內在經驗達成密切的聯繫。很多人說，我要找到我自己。但事實上，很少人想多花精神和時間去根究，不過可以有個簡單的開始，試著和現在的你做朋友，做一個較為熟稔的朋友，別說你不認識自己，即使你已經被定罪了或是準備被定罪中。

情是年青的心，並不是對應年老的心，而是一種情境，一種活力。年老的人一樣能夠有情，只是大部份相信自己年紀老了，活力不再了，情境荒蕪了，那種日薄崦嵫的感覺，令人心疼。

◆在西藏脈動的傳承，我們身體器官卵巢和睪丸的能量屬性，可以傳神的描述情的滋味，活力取決於能量的運作，而不是肉體的新舊。

一位被中年危機催眠漸漸慌張的朋友，急於放掉穿戴二十年有婦之夫的僵硬面具。經過一陣子成長課程的洗禮，彷彿一股新生命力被喚醒，勇於對自己的性慾say yes！那種塵封已久，刻意壓制年少輕狂的感覺，開始爭取自己有重新來過的權利，忍不住想嚐盡身邊的胭脂粉味，觸摸肌滑雪，同時又可以宣言自己渴望一位紅粉知己。扛負婚姻錮禁二十年之久，總算有勇氣直言不諱。

故事是他開始用力的交往一位女友，以他的體貼多禮，一兩年後女友開始要求要有個名份，她想結婚生子。一陣喧囂，使他驚覺有妻子兒女在的家庭是他強烈保護的地方，與妻子沒有愛情卻是百分之百的親情，沒有人可以越雷池一步，包括他自己。

沒多久女友找別人結婚去了，他成了二度的假單身漢，繼續的他衍生一套滑溜又不失真誠的遊戲規則。跟他在一起，床上保證甜甜蜜蜜侍候佳人，平常噓寒問暖也不缺，就是不要影響他的家庭，或者強制留人，剝奪他苦心經營的自由，包括他對別的女人表示興趣。

這樣的他，在西藏脈動生物電能屬性單單以卵巢/睪丸陽性的能量表現，實在值得激賞。陽性能量善於往外表彰，正如獅子，負如野狼，但是壓抑陰性的支持，將會讓自己的情感時上時下的顛簸，一旦再也得不到想要的，會陷入沮喪的深淵而崩潰。

因此西藏脈動的技巧允許陽性能量表彰也鼓舞陰性能量的扶持。感情需要有回應，也就是說男歡女愛中對手要相當，不管你的回應或是對方的回應，你來我往之間，默契般的同意彼此，需要明白的平等相待，自然形成朋友之情。

朋友的意義是甚麼？這是西藏脈動在卵巢/睪丸能量應陰陽協調必備的了解。感情不只是各取所需，還包含著人類意識進展的偉大情操。而且不需要學習或是外求，當能量以本來的流暢面貌，就是那麼的自然。

換句話說，這位朋友的妻子也許有她自己的瞭解，一個相處二十幾年的伴侶，正在追求甚麼樣的樂趣，不可能不知道，也許還心知肚明，與其想辦法掏臭挖腥，不如享受一個回到家裡，活力湧動輕鬆愉快的親密伴侶在身旁，而無需把自己搞成千古怨婦般，驚天動地。或者覺察自己有權力要求平等，運用溝通的能力，成熟的智慧來處裡親密關係的危機。

如果伴侶不是朋友，如何朝夕相處，面對相同的香甜苦辣。即使吵架都是彼此心理有份信任在，知道不會吵了就天旋地轉，也許只是一時的昏天暗地很快的就會雨過天晴。如果真的要分開也是要彼此祝福。

照賽斯所說架構一是人生舞台，架構二是幕後製作群。身邊的親友都是在幕後排練再相約而來，尤其是愛恨情仇，辛辣酸苦的重頭戲，看似對你人生影響劇烈的，如果不是你的朋友或是想當朋友的，就不會挺身而出，陪伴著盡力演出。

對舞台上的敵人說謝謝，敵人讓自己有機會看到自己的真面目；對讓你傷心的人說謝謝，是這個人答應讓你經驗到傷心的滋味，冒著被恨焚身的危險；對愛你的人說謝謝，這個人必須要全然無條件的愛，才能讓你經驗到真正的愛；對自己說謝謝，是你自己在幕後就決心讓自己經驗這些使意識趨向成熟蛻變的樂趣。在世間的戲劇你的演出達成了，你放下了。

這是西藏脈動工作在卵巢睪丸能量流暢，對情感的來往自然而然的理解。當你與自己的心靈有聯繫時，你體驗到理解，沒有人可以給你心靈的定義，心靈必須被經驗。所以我們真正要談的不是婚外情，而是情的理解和體驗。

聽說在雲南邊陲有個走婚式的族群，男女在一起的時間，可以是一天、一個月、一年或是一輩子，從來沒有爭風吃醋，或是甚麼家庭糾紛的事。在地理雜誌曾經報導過而不是虛構的，這應該是人性本質情的理解。

體諒並不難，互動關係並沒有真的跨越不了的柵欄擋在那裡。理解本身存在，不論是否有方式來表達。平常的你正學著與你的心靈相會，只是心靈不遵循社會的邏輯，沒有預設的利益，面貌還常顯得混亂，沒有輪廓。因為心靈越過了我們慣常的習性和概念，靜心真的是唯一的路。

覺知理解的存在。一旦理解感情的回應不再是需要一昧要求，而是欣賞與感激。卵巢睪丸的正負能量得到協調，取得心的聯繫，心的呼應，自然將心比心，敏感到伴侶的心意，對方的痛苦或愉悅，不可能置之度外。

雖然性是情慾需要的通路，卻不再是自顧自貪戀的樂趣，而是能量的交流，對生命最原始的尊重，是值得被祝福的。

二、小腸的能量運作及劇情的演出〈客觀性〉

談到家庭暴力，親密關係的膠著，第一線的想法是男人動手打人，事實上不一定。妻子用言語刻薄丈夫是種暴力，父母以愛為名操縱子女是種暴力，成年的子女嚴厲的威脅父母是種暴力，家庭暴力變成無法可治，無可理喻的侵略性行為。

事實上女性面的情感衝動會先製造同意的需求，否則就形成侵略性，想進一步用侵略性取得同意。因為情感是控制另一個人的利器來引起注意力，尤其是覺得自己比較弱勢的一方，覺得將被情感淹沒的時候只好用力抽回，以各種方式壓抑。

親情之中有很多事是我們沒有意願放棄的，暴力變成可以儘快逃避現場以免窒息的武裝招式，也是形成不足以向外人道的傷心事。親人之間在共同的生活裡，誰真的想刁難別人或是被刁難而導致傷痕累累難以彌補的心頭恨，是真的一定要這樣嗎？

賽斯強調人的本質是善的，可能扭曲及無知而行為暴力，但是人的心靈本質絕對沒有犯罪及暴力的基因。暴力是內在為了減低壓力不得不發作的衝動而找出的替代管線。傳統制約下被否認的衝動，使我們誤會我們的衝動會帶來麻煩，經常在心理上形成挫折、沮喪、憤怒的情緒。

例如妻子心裡有個衝動想要丈夫溫暖的愛撫，吱唔靦腆得來一個輕蔑的眼神，下次再有同樣的衝動難免卻步；例如丈夫衝動的想要和太太親熱，親熱得不到親熱，不小心又看到一張憂愁哀怨的臉，老是如此，就算生理需要也最好不要；例如子女想要和父母撒嬌，父母卻一路裝忙的樣子，孩子會以為難道自己是個隱形人嗎？只要我們是活著，內在的衝動永遠不會消失，我們越否認我們的衝動，就越感到無力感，越是無力感就越想行動，如一時被不經意般粗魯的挑釁，普遍的後果就是具有傷害性言行不一的暴力。

尤其是在家庭裡，面對父母子女夫妻手足，今生情緣，最難割捨，一切是赤裸裸般的愛恨交織，無可遁形。一旦習於錯亂的表達，暴力的控訴，令我們以為要更暴力些才能解決，結果是兩敗俱傷，痛不欲生。然後覺得自己不夠好。

即使一番折騰而已經得到同意了還是懷疑自己不夠好，對自己的動機一再疑問，說不出所以然也得不到想要的注意力，成為心頭隱隱的痛。開始知道自己不快樂，只好求取更多的操縱力量而少了關懷，操控自己也操控自己去操控別人。親近的人成為貪婪、做作、權力遊戲中的角色。

◆在西藏脈動身體器官小腸能量的屬性，可以描繪出親情觀的執著負面的壓抑及佔有慾和正面的滿足自我延伸。

一位朋友說她匆匆忙結了婚，幾年下來連生三個孩子，然後在工作的地方老覺得力不從心，懷疑自己不夠好才被排擠而被調動到比較差的單位去。平常很認真進修，知性的、靈性的、宗教的非宗教的，她都非常投入，希望能解決自己認為有問題的事。她覺得先生不瞭解她，喜歡找她做愛，她很不喜歡，兩人經常吵架。聽說小孩老是出狀況，令她疲於奔命。先生的家人常對她找碴，想離婚心裡著實害怕，婚姻挨蹭了十年，聽過Z次的演講，西藏脈動也做了一陣子。

只有那一陣子看到她整個人顯得柔美又光采豔麗，跟先生的感情親密了起來。還說真的感覺到先生的愛和包容，感覺到對他的感激。這是西藏脈動讓心做主的功效，使人軟軟的愛愛的，有時頭腦很不喜歡，一有機會就拉著心情跑，除非頭腦臣服，覺察到跑是會很累的，尤其要跑離內在一直都在渴望的融融恰恰的感覺。

之後她還做過高劑量身體維生素更新的密集療程，又參加某教會的海外訓練課程，守在創始人的圖書館熟讀他的著作一個月，真是勇將級的。不過她說熟讀他書中的技巧真的很有用，回來台灣用在她的職場顯得很有效，覺得自己有自信，在工作崗位上得心順手，同事對她刮目相看，只有先生還是控制她，不讓她去上課，但是她還是堅決去上了。因為她知道自己要的是自由，她不再害怕了，不管先生是贊同還是反對，她都要活出她自己。

聽起來好像是一個青少年的心聲，爭取自由是最大的企圖，相對的責任是別人的事。奇怪？如果先生這麼控制她的自由，那她以前上的課是如何辦到的？沒多久她說她被先生打了，她覺得自己活該，因為教會創始人說，當你被打，被罵，甚至被殺都是應得的，聽起來好似有很深的理解，倒是聽的人心頭一陣冷颼颼。

沒錯，賽斯叮嚀，我們創造了我們的實相，我們人生的故事是自己的思維情愫所建構幻育而成，所謂的心生世間的百相千景，如果把故事跟我劃上等號，演在興頭上很容易就陷入了我執，開始了人際互動關係的無頭公案，無解的習題。

接著聰明的想到要外求找助力，充斥頭腦很多很多的知識變得伶牙利齒，只要一吵架，不吵到你輸我贏誓不罷休。對方吵不過已經是快腦門充血，妳卻哇啦哇啦的唱起歌來，卯起來又說：怎樣？生氣了嗎？氣死活該，我不會同情的，我不會被你影響的，每個人都要為自己負責的〈意味著她比較高明嗎？〉。卯起來驕傲的說：怎麼？想打人呀？打呀！不敢打就是懦夫〈對不起！是從電視連續劇抄來的〉，霹一聲，一個巴掌打了下來，痛了一下也愣了一下，不得了你真的打我呀？打呀！打呀給你打，反正你是豬狗不如。壓抑已久的衝動一股惱的迸發洩底，接著拳打腳踢落在以為人家不敢打又要人家打的人的身上。真的是應得的嗎？好像是的，忠於演出的關係。

在西藏脈動小腸能量過度充斥時，到了某個點上，那些我們曾經抓得緊緊的情愛變成真的透不過氣來，所以想逃離是為了能呼吸喘口氣。可是引發出來的作為怎麼好像是對又好像是錯的，怎麼那個相信能保護我們的，只剩下所剩無幾的幻覺。

我們想移動立即設定的方程式，一觸動就可逃之夭夭。可惜這個方程式會跟著你跑直到你停止逃跑。西藏脈動的技巧是工作在小腸陰陽能量的平衡，自然而然的發展出客觀性。當妳覺得被操控的同時可以感受背後忠心愛護的鶼鰈情深，有智慧的在關係的需求中如何去行動，當衝動是來自內在，感情的影響力滿足我們朝向共同目標的結果，無所隱瞞。

如果上課讓彼此的溝通僵持，阻止上課不是操控而是求援，用阻止對方有興趣的事來求取更多的注意力，注意一個害怕失去所執愛的伴侶的大男人，心裡在顫抖，卻不知如何適當的表達。或者說彼此都是因為非常的深愛對方，才有機會相互扶持學習正中下懷的夥伴關係，這種關係請讓心來做主。

三、丹田的能量運作及劇情的演出〈力量〉

在人格意識發展的過程中，我們有時發現自己明顯在對抗權威。假如我們的個性移向否決權威，我們很容易遭到被壓抑，甚至需要製造出一個表面上正當的理由讓權威能聽取和讚許的。這彷佛是大多數人或多或少的經驗。

我們在人際關係的來往中，有股力量是由內在伸展到外在而進入到我們的生活，並且讓事情可預知而規律化的發生。但是權威像隻聾了的耳朵時，所有的作為是令人生氣的，詭計似乎是有效的，卻限制了關係來往。

一個沒有內在誘因的移動，移動就像是被線拉著的傀儡，這樣像是在社會過度開發，形成機械式的體制裡過活般。我們從來沒有想到要放棄力量，而是沒有發揮如同自願被丟棄。甚麼是我們所抗拒的，正是在抗拒自己所要的，也是使我們痛苦和煩惱。痛苦和煩惱製造出疲憊感，似乎沒有事值得去努力的，想法必須通過動作來執行，再次通過的不只是痛苦，而是煩惱要忍受痛苦，我們感到勉強的活著，或者以自己的方式扮演怯懦。

在美國偉大的印第安原始部落裡，那兒有被稱為「對立者」的年輕勇士們，稱認自己的天職是為了保持部落老祖宗的原則，允許用奇異的態度把與別人對立，視為很平常普通的事。在他們的生活，必須要學習去勇敢的反對別人的希望和舉止，這是心靈自由無以駁斥的氣度，朝向無畏的實踐，把自己視為一個重要的要素，朝向表達。這是勇士們賺取他們羽毛裝飾必須發展出來的英勇，以不被要求的行為造成對立，也沒有因為沒有要求而受到否認心靈理解的存在，這是多麼原始的民主情操呀！

◆在西藏脈動器官能量的屬性丹田，可以描述正面的力量堅定不移及負面的攻擊性的人格特徵，丹田是免疫系統的力量及潛力所在，佛性的化身。

一位朋友個頭非常的嬌小，有意無意間的行為舉止經常被誤以為是青春期的少女。個性積極，思路清晰，多年來很盡力的參與靜心活動，從一個寡言略帶愁悶的女孩，到動輒發揮她的執意真理，使人姑且讓她三分。一不高興衝得別人目瞪口呆，常被稱為小辣椒，小小的身體卻容納了強悍的魂魄，不時要發出怒吼，生氣要叫的很大聲，唯恐別人聽不到。與人相處，開始頗用心經營，一旦接近又使出窩藏的暗術，當事人對她的技倆，一則莞爾，一則避嫌。

她可以把一個關懷的心意扭曲成攻擊性的衝突，令人錯愕。例如她剛從印度回來，朋友好意請她一起去吃飯，主客記得她是素食者便提議去吃素食，誰知下車後，她氣沖沖的找上主客説，為什麼要幫我決定吃素食，我要吃我會自己説。説的也是，幹嘛找她這種人一起吃飯，一句話衝得你無處可躲，小心以後不要太雞婆。

接著更精采的是飯後大家坐在一起喝茶休息，她開始以不記名的方式面對別人數落坐在側面的主客的罪名，為了某件避免違法來不及先經過她同意的事，說主客是如何的不懂尊重，是如何的沒修養，聽在主客的耳裡，既然她沒有指名道姓就不搭理。回家坐在同一部車內，朋友的信任與溫情似乎不想再釀一次，免得一個小小的濫觴壞了好涼的秋。剩下冷冷的揮別，沒有人喜歡這種感覺。

以西藏脈動的瞭解，丹田能量充斥過量負電時，容易製造出事件來挑撥出我們所害怕的事，如挑剔引來冷漠，衰弱引來侵略，繼而不顧一切憤怒回擊。

我們試圖表達已往抓住的相信，以為有機會大聲的表達曾經被壓抑的情緒，以為用生氣可以統御別人，叫別人聽你的，結果別人才懶得理你。或者轉戰以性做吊鉤，模糊自己心靈的渴望。在一個特定的神經系統回應區滿是縛得緊緊的情慾，回應關係往來的區域也是阻塞的。我們想要給出去似乎沒人需要，而我們需要的，別人全沒了。

當孩子能放鬆的坐在父母的腿上，安穩的靠在父母的胸口，是在發展丹田的力量，是智力本能開展的能量。孩子的生命由父母兩性的交融而誕生，被深情擁入懷裡的身體體驗原創純純的性能量，是源自生命源頭無私的滋潤和營養。

經驗正面的性能量是無比的喜悅，經驗到負面的變成好多好多的氣憤。健康的人不會生氣太久，生氣太久的人不健康。奉勸父母們，不管孩子多大都可以允許他們放鬆的坐在你們的腿上，享受孺慕之情，引燃生生世世無悔的心靈春秋。相對的也鼓勵讓年老的父母放鬆的坐在你們的腿上，試試看感覺如何？

為了維持規律生活死守一定習慣，以為孩子成年了不得過於親近，免得別人訕笑或顧慮太多。其實因為親情實質的連結，有可能打開脊椎能量再次溫暖的流動，很快的看著老父母居然顯得年輕了起來，再次的青春活力四散，這真是方便之至反哺盡孝道的方法。

工作在丹田陰陽能量的平衡，最能顯示丹田品質的是靜心！是禪！師父說：「生命能量往內轉為意念，感覺和情緒，往外則與自然界，他物交往。當我們的能量不是往內也不是往外，只是心脈律動單純著與存在合一就是禪機。」

四、心的能量運作及劇情的演出〈愛〉

不是道聽途說也不是憑空想像，真的是在醫學界發現的事實。兩顆暫時放在容器保持生命現象的心，居然沒多久就形成一樣的脈衝律動，令當場的醫護人員大為動容。

人類的心有一種往外的衝動去連結別顆心，兩顆心連結產生的能量，稱為LOVE。愛是能量的流動，正如心的脈動就在此時此刻。如果限制你的心能與別人的心一起律動的能力，這個限制會製造出神經衰弱症。心從不知對任何事說不，心接受一切的承擔。不幸的是自我想要的不只是連結而已，開放衝動卻隨即執著於某人。但是所有人類的愛，無意繼續維持在一個某人的施捨，甚至無意只拿不給。執著於某人，成了自我失望與挫折感的開始，這樣的心不足以為水，或許只是一片浮萍。

水是含氧的，有磁性的，水有能力蛻變自己，變成冰或是變成水蒸氣。有朝一日愛像水一樣，把丟下一塊石頭引起的漣漪當成相信，相信過去的經驗成了心的幻覺。以為為了取得自己的需要得依賴付出，讓別人能相信我們是有多麼的愛對方。

愛是純然的天真，令人難以拒絕。一個親密關係來自甚麼是我想要的，因為我拒絕感受那個對我自己的感覺。正因如此更是難以拒絕，一個親密關係是全然的。當愛進入，甚麼都變成可能的，而且總是在愛與恨的波動漂浮。親密關係的起始，從我想要的進入到我是誰，那個我想要的那一個，卻被我壓在黑暗的誰。

◆在西藏脈動身體器官心的能量屬性，可描繪出正面的被接受、快樂的服務他人及負面的得不到報酬的悲傷和空虛感。

一位朋友長得一種清秀中的豔麗，帶著大多數男人難以抵擋的魅力。在自己的專業領域頗為出色。經過多年的努力，經濟穩定，與人相處，出手大方，出去聚餐，掏腰包不落於人後。

有一位同居的外國男友，以她的個性，對朋友慷慨，對這個男友更是無微不至。買了一個大型的休旅車，讓男友自由的開，或者載著當她的司機遊山玩水，好不逍遙。對朋友說她們之間情有多深愛有多濃，羨煞人也。

突然有一天面容帶著愁雲慘霧，看到朋友便放聲大哭，說男朋友明年要回外國去，她好害怕，好恐懼。安慰了她好久，她又說每次吵嘴，男友就會提起要回國的事。這個男人的心喜歡擠女人的淚水，而且擠的過癮，輕而易舉的把一個女人擺弄得唏哩嘩啦。偏偏這個朋友就吃他這一套，明年回國，明年還早得很，之間會有甚麼事，誰會先離開還不知道呢！不過男友老是把她弄得這般怕怕！怕怕的事，發生了好數回，直到她自己也許乏味了，或是覺察到彼此在玩啥遊戲，願意放手不再把對方抓得緊緊的，結果男人改口說他想要長期留在台灣了。

最近的一次，跟男友吵架，她又號啕大哭，六神無主，感覺自己的胸口好悶，悶到困難呼吸。源自從她發現男友有跡象與別的女人來往，全付精神放在追查男友的行蹤及手機通話的紀錄，自己也發覺被妒嫉焚身的荒謬，卻又抽不回等待可能一種寸寸撕碎凌辱的快感。分不清是要凌辱別人還是要凌辱自己，雖然男友再三解釋兩人只是普通朋友，同時也堅持自己有自由交朋友的權利。

要找架吵，情人之間永遠有吵不完的爭執，公說公有理，婆說婆有理，負面的情緒換回負面的回應。不斷的說只是要知道真相，甚麼才是你能接受的真相？還是認為對方應該是多麼的愛妳，不應該對其他的人有興趣。

該死的是別人對他有興趣，該怎麼辦？想的是妳們曾經情深意濃，你們曾經花前月下，因為有他才帶給妳這麼多快樂的時光。這樣的相信是心的幻覺，想我對他這麼好，他怎麼可以這樣子，這樣的想法營造出受苦的心情。

我們打擊著自己正如讓別人一而再的打擊我們，其實人家對妳也是很好，只是他也一樣可以對別人好。當我們抗拒在生活中，愛的觀點可以多一點的能量給另外一個觀點多一點的愛，我們可能變得非常容易受傷害。因為我們的愛沒有流出穿梭的渠道，反而倒轉向把我們給淹沒了。

西藏脈動工作在心能量的陰陽平衡，察覺對外在世界的相信，使我們受苦。到底有沒有那個相信？只有那個感受相信的人，製造出幻覺來認定是那個相信在作祟的關係。只要你活著，只有一個選擇，放掉必須要忍受痛苦的相信，得到既不會痛苦，失去也不會痛苦。愛是流動的能量，任何的痛苦是留不住的。

西藏脈動紅波包含四個身體的器官，是脈動六瑜珈形、式、本、能、知、覺中的「能」，指外在的一般福祇的實現。「卵巢/睪丸」是本能的對再生而永存，生命達到最充實的祝福；「小腸」是本能的給予他人感情的祝福；「丹田」〈雖不是成型的器官，一樣有特有的能量屬性〉是本能的對生存或解救他人無矛盾的祝福；「心」是本能的對愛他人與快樂的祝福。

在台灣帶領了數次紅波的課程，起初只讓女學員參加，因為有好多好多心事及受苦經驗，只能在安全的場合說些知己話。或者說女人想蛻變的勇氣需要更紮實親密團體的支援，除了肢體溫柔的接觸，運用心脈連結產生的能量平衡，真正是絕對個人的心靈體驗。

無任何言語可以義及是神秘或是美妙，也許是妳久已忽略內在的小精靈正準備要捎妳的癢。賽斯說：心靈並非一塊已知之地，它是一種不斷形成的存在狀態，你創造它，它創造你，它以你認知的實質方式創造。因為沒有你，就沒有月有陰晴圓缺，人有悲歡離合的感知。如何打開因襲的觀念，自由你內在的創造力，就等著妳自己來體驗了。

第七章

綠波情事

為內在價值保護的實現

價值性得交換成有價值的，
要變成更有樂趣的是學習如何消費，
有能力轉變價值性。

一、十二指腸能量的運作及劇情的演出〈尊重〉

從報上看到新聞提説，對岸設立了十二枚飛彈對準台灣，而臺灣向美國只能買到八枚的飛彈來對付，有多少人會想，只要一枚飛彈擊中，臺灣大概就遍體鱗傷。對岸如此慎重佈署，是志在必得還是飛彈實在太多了，隨便擺一下就是十二枚，不用開戰就已經是令人膽戰心驚。國防部極力爭取要向美國買飛彈，到底是為了擺架勢就好，還是為了其他的原因，否則就算一個對一個，還有四個怎麼辦？只有少數人在嚷嚷不惜花盡國庫預算保疆衛土。

事實上國際之間似乎有著微妙的牽制作用，政客們處心居慮，意圖出招，可是逞強鬥勇徒增社會的焦慮不安，硬碰硬這種匹夫之勇的心態並不能代表所有的人，尋常老百姓們想的不外乎是安居樂業，和平相處，不管是這一邊還是另一邊。

焦慮不安是因為恐懼失去，即使有也是最後一次，也許從此不可能再有了。這是一個殘酷的事實，為何人類要彼此敵對的原因。貪婪來自殘酷的主觀，一昧想保護自己而引起，並壓迫自己的能量往貪婪的路上走，無始無終的慾望剝奪了人們的知足常樂，並且準備與所有的人為敵。利益的衝突似乎不分遠近大小，不分國家政黨或公司行號或私人家族。

一首流行歌曲的歌詞：利字在中間，道義站兩旁。唱得大家心有戚戚焉，外在的價值觀到底啦？到底怎麼回事？外在世界的形成經由內在思緒所投射，問題是誰讓你這麼擔憂？誰又讓你如此受苦？你又如何去相信你所擔憂和受苦的呢？只要你擔憂任何的事，你就介入了擔憂的本身而覺得受苦。

如何改變？請改變那個相信擔憂而聆聽的人。有一個方式打破擔憂而受苦的模式，就是不用去抗拒擔憂，而是改變那個喜歡相信而聆聽擔憂的人。一旦人類的覺知喚醒，就像光炬高舉，你無從漠視人生旅途中，該有的或是不該有的，也不會被恐懼牽著鼻子團團轉。

◆西藏脈動身體器官十二指腸的能量屬性可以描述正面的寧靜與卓越的

獨特性及負面失去自我尊重與煽動不安的企圖。

一位朋友開口閉口都是錢，談起他穿的是甚麼名牌，戴的又是甚麼名牌，家裡添購的傢俱是甚麼名牌。聽的人除了記得學生掛在胸口的名牌比較熟悉，真不知那來這麼多的名牌，聽的人除了名牌還得聽好幾次加強的口氣：這有多貴你知道嗎？知道也好不知道也好，聽的人露出不耐煩的臉色，他會回你一句，沒品味！

有一天，他宣稱十年內，他要晉身為億萬富翁。看他堅毅用力抿著嘴角的樣子，除了拍掌叫好，像我們這種生平無大志，甚麼東西有就好的人，根本不知如何搭腔。沒多少看到他背著重重的高爾夫球桿袋準備去打球，記得他說他不喜歡運動，不喜歡做這種愚蠢的事。但是現在他的解釋是高爾夫球是高尚的運動，不會留太多的汗，而且可以認識很多的名流，有助他將來晉身名流的意圖。再次看到他用力抿著嘴角的樣子，除了祝福還能說甚麼？

最近聽說他到處以高於常理的利潤向朋友推薦某種金融產品，自稱自己因為買這種產品已經穫得了非常可觀的財富。當然有人心動就買了，有人抱觀望的態度，有人難以相信可是心裡又癢癢的。有時看他坐在一角皺著眉頭，翻著手中一大堆的文件，咖啡一杯杯的喝，煙一根根的抽，如果說他賺錢賺成這樣，大概不是像他所說的那般輕鬆愉快。當朋友的寧願看到那個談名牌談得口沫橫飛，末了再強調，你知道這有多貴嗎的他，而不是宣稱要晉身億萬富翁以後的他。在他的臉龐快要沒有一點空間允許自己的笑容有個燦爛的機會，他說他總算有能力買任何東西給他的女友，來表達女友在他心中的地位，可是他不明白女友為何對他顯得越來越冷淡，不知道女友到底還要他送甚麼才高興。

是頭腦不是大腦，頭腦包含了你的思想，你的相信，你的知識，你種種的教條，種種的制約。頭腦的概念是維持和控制來守住我們以為的價值觀，同時也錯過了重點。價值性得交換成有價值的，要變成更有樂趣的是學習如何消費，轉變價值性的能力，來使我們的生命富有。徹底離開貧窮的方式是享受你足夠去分享的能力，而不是催眠自己如何晉身為億萬富翁。你身邊的人會告訴你是誰嗎？而你自己會時時記住自己是誰嗎？假如你創造一個未來的想法，你就必須創造出某種人物來，穿名牌，戴名牌，打高爾夫球，擠進可能可以成為名流的樣子。

在親密關係裡，為了表現成功的親密關係，而以物質上的東西來示範感覺的珍貴。逐漸累積的物質只是感覺情感想要的目標，直到目標卻拿走情感感覺的位置。例如女友收到第十次的鑽石，一定沒有第一次收到時的歡心和喜悅。尤其是你忙著應酬而忘掉她的生日後做的補償動作，自我開始無止盡的增值，直到你精疲力盡。

西藏脈動工作在身體器官十二指腸陰陽能量的平衡，避免進入唯物主義，一個全然越軌的預估心態。我們的感情可能轉化成物質的象徵，但是過不了多久，我們的能量進入了目標，傳導到物質層面，不再是活生生的，而是死氣沈沈的物體對象。無法真正的給予，曾經滋養我們的事情，不再能滋養。

我們發現我們面臨了一面高牆，我們自己逐漸建造起來的高牆，我們出不去，別人也進不來，此時也許我們感覺到一種壓迫感，一種威脅感，使我們覺得焦慮。覺得很焦慮，需要出現一些特效藥，一些大痲，幾杯咖啡來幫助理出一些頭緒。可惜的是剪不斷理還亂，反而讓你痛苦的乾脆把自己的頭往牆上撞算了。

師父說只有透過靜心，才可能去看到底是甚麼阻礙物擋住了你的通路。我們開始觀察，仔細衡量，焦慮成為中立的感覺，你不覺它是對也不覺得它是錯。當你看到力圖有雄心不是必須的，那只是在我們的成長過程中，被要求積極努力活動過度所遺留的緊張。我們的頭腦靠緊張維持它的功能，以一個緊張製造出另一個緊張，以很多的緊張製造更多的緊張。一旦你不緊張，不恐懼，不害怕，不受苦時卻覺得錯過了甚麼事一樣的悵惘，這種錯失的感覺就是自我的力量。

基本上自我執著於負面的經驗，但是身體有天賦的智慧，它知道不需要再維持緊張時要放掉緊張，可是當時自我會覺得衰弱顯得不自在。如果你的靜心先轉化你的緊張再放掉，將帶給你深刻的喜悅。如果你抓住執著的緊張而一下叫你要放掉，則帶給你焦慮和擔憂。愛是靜心，輕鬆的愛撫是愛的自然表現，還有甚麼更使人歡喜的事，就是信任的真的被溫柔的接觸以及去接觸其他的人，去分享你人生已充滿而豐富愛的經驗呢？

二、膽囊的能量運作及劇情的演出〈獨立自由〉

年假坐火車去台東玩，在火車內遇到三對七十幾歲的老夫婦，他們手上握著台灣鐵路局環島火車老年優待票。好奇的問他們坐火車環島旅行的滋味，有一位老先生說這是他第三次出巡，因為有趣又便宜才邀朋友一起來。第二次兩個人，這一次六個人。從早上六點多出門，晚上睡覺前就到家了。

甚麼？環島旅行才一天？真的是坐火車環島，除了有一站下車一個多鐘頭等待轉車外，其他的時間真的都是坐在火車上。聊天，打瞌睡，吃便當，他們覺得好快樂。坐火車出門，做火車回家，覺得好自由。哇！自由的感覺對他們變得好簡單，真感謝鐵路局的某人設計這樣的方案，台幣兩千元有找，就讓老人家坐火車環島一周，滿足這些辛苦大半輩子，從來沒想到可以環島一周的老年人。不管怎樣，他們辦到了，他們享受到一種自由和滿足的感覺。

自由對不同的人有不同的意義，可是對自由的渴望放諸天下均行，即使是動物們。只是人類對自由經由不同的方式詮釋，大至拋頭顱灑熱血革命為自由，小至怎麼打扮，怎麼吃，都是自由。相反的得不到自由的感覺，會形成一種狂燥型的抑鬱症，經驗強烈的希望又經驗強烈的絕望。我們的自我允許頭腦心存僥倖，自私企望的結果，只知自取所需，不顧他人，甚至拖累至死走上絕路。總是希望拖人下水，可以有人分擔痛苦來證明他的受苦是真的。情緒上限制自己去反應，內在完成不是這麼一回事。狂笑吼叫，眼淚泉湧，吶喊自己的所做所為怎麼對得起自己，偏偏還得忍住所有的痛苦儲藏起來。直到任何一點點都放不下去了，也許這個時候你可以想到事情要壞，似乎永遠的壞，但是轉個念頭，事情要好也可以永遠的好。如果我可以綁住自己，當然可以解放自己，轉個念頭當下你經驗了自由。

◆西藏脈動身體器官膽囊的能量屬性可以描述正面的獨立自由及負面的依賴和妒嫉。

一位朋友從小隨著母親改嫁，母親絕口不提起生父的事。雖然養父頗疼愛她，她總覺得有一種無名的悵惘。尤其青春期開始，老覺得自己好想生氣，用力拒絕被催促的感覺而覺得苦惱。例如每天早上還在睡夢中，就被媽媽一再的催促聲吵醒，有時真的很不想起床，心裡想著要是自己的生父在就好了，他會寵我，我可以跟他撒嬌，讓我多睡一會。不像養父還幫忙媽媽催促，好想哭喲！好生氣喲！好苦惱喲！我真想拒絕再叫他爸爸。

認識她的時候，她已被信用卡的循環高額利息逼得焦頭爛額，每天愁眉苦臉，偏偏又難以拒絕強烈的購買慾，沉溺於用信用卡刷卡買東西的快感。支撐自己還有能力重視自己的感覺。直到要債的上門，既然上門來臉色就不是當初要妳辦卡時那麼和藹可親了。她覺得很恐慌，很希望有長輩能幫忙，尤其是父愛式的忠告能出現在她惹下麻煩之前。情急之下，她找上一個以前對她有興趣爸爸型的人求援。對方畢竟是老於世故的人，認為沒有足夠的交情幫她的忙，甚至提到當初對她有興趣時，看她選擇年輕小伙子親熱的樣子，還讓他著實妒嫉了好一陣子，聽得她一頭霧水的離開。帶著一些錯愕，一些失望，她像一隻落網的小鳥，越掙扎繩網越纏得緊，不知道如何是好。只希望有人告訴她怎麼辦，她就會怎麼辦。

有一天，她表情複雜的說有個父執輩，突然非常好意的說要幫她的忙，答應先借她一筆錢把卡債還清。但是講了一堆的條件，先是要寫借據，外帶兩個保證人，再幫她介紹一個工作，必須簽約五年，每個月的薪資匯進特定的帳號做為債款的扣抵。當初她只想趕快解決問題，甚麼條件她都答應下來，直到父母發現她神色有異，才知道她簽下了賣身契。養父大費周章，使盡一番功夫才把從困境裡拉了出來，唯一的條件是下了班一定要回家吃晚餐。爾後她訕然的説養父其實是很疼她的，甚至當初結婚主動對媽媽説不要再生孩子，以免對孩子偏心。從小也把當親生的孩子看待，只是自己不知道那根筋不對，沉溺於難以滿足的癖好。

長期與親生父親沒有連繫的失落感，尤其是在童年人格發展期，造成以後和男人的關係深深被影響。常常一個念頭去拒絕任何依附在男人身上而值得認真的情感。相對的當需要父愛的牽引時又變成一個無情的副標題，曖昧不清，好像柳枝搖擺，風吹那邊就擺那邊。這樣的作風常被誤以為是個自由主義者，經常改變自己的姿態，只為了符合別人的印象，內心卻期待別人給你並不屬於你的東西。

妒嫉是一件莫名其妙的事，看不到接受性的品質，給了人家的想拿走，拿了人家的又想下次還要，而且不准給別人。或者想著是不是別的地方還有，而且只有我才可以拿。念頭翻來復去，攪得心煩意亂，不得安寧。

我們可以在吉普賽人，無論唱歌跳舞裡的社會文化，看到了膽囊能量的功能。他們的精神是自由的，獨立的，大膽的，生活自在的，追求快樂的，從不在一個地方停留太久，保持可隨時移動的旅行方式。女人學習誘惑，小孩伸手乞討，只求快速的得到經費，以便上路到下一個地方。這樣的生活方式到底在追求甚麼呢？追逐那永遠沒有止境的追逐，當個永遠流浪的過客，執著於不執著的，享受被自由束縛的自由。成了對黑暗的上癮，對恐懼的上癮，對痛苦的上癮，並且認同了我們的憤怒，創造出一個無知的黑洞，愛上了我們的憎恨，享受受苦的滋味。而且當我們習慣於憎恨，我們看不到受苦的荒謬，甚至寧死也不能沒有這種痛苦的滋味〈憎恨讓身體能量滯礙，可能引起腫瘤換來疼痛，甚至致命〉。

西藏脈動工作在身體器官膽囊神經系統的能量平衡，把光亮帶進黑暗裡來，你無法治療別人，但是可以治療自己。師父說：「我們不是生來就有智慧的，智慧是每一個愚蠢事，當我們做過後才覺知的。」每個做過的殘酷壞事，每個經驗過的怯懦無能，以及不經意對別人或自己的傷害，智慧集合在我們所有的經驗裡。但是我們卻無法看到，我們只能透過靜心找出我們的智慧，首先要原諒自己，原諒一切的愚蠢，並且學習去原諒別人，如此可以融化滯留在我們神經系統的緊張。

慈悲的呈現，來自我們溶解所經驗到的負電充斥的緊張，屆時我們只會覺察到慈悲是唯一的，就像是礦砂冶煉留下來的純金一樣，展示的是善與德的光芒。

三、胰臟能量的運作及劇情的演出〈創造力〉

夏天七、八月，在比利時賓藍克玻基的海灘，舉行國際沙雕節。來自於世界各地的藝術家，運用各式各樣的體材做為沙雕的藍本，揮發的創作品令人驚嘆不已，千粧百繪的傑作，吸引上百萬的遊客前來參觀，成為當地每年夏季的旅遊盛事。開幕前，藝術家利用或長或短的時間，致力於自己的創作，有人以個人的小型創作表現，有人以團隊雕塑大型的集體作品。有令人嘆為觀止線條精緻絕倫知名建築的翻版，有天馬行空童話式的場景配合匪夷所思的怪異組合，有簡單清爽溫馨的寫實人物或日常景觀。不管創作者覺得是否完成，在開幕前的截止時間內都必須離手，讓第二天前來觀賞的遊客單純的欣賞沙灘上四處突起的精巧手藝。

展覽期間，到處迴盪肅然屏息又禁不住洩露的嘻笑驚嘆聲，千百種或癡或迷的神情，與藝術沙雕相邀對話。來這裡的遊客需要具備百分百的藝術欣賞，絕對自我尊重的品質，絕不觸摸或踏傷任何的沙雕作品。不需明講，沙雕的魅力在藝術家抓住那一觸即散之前的最大張力，所有的作品似乎就在一呼一吸的空隙停留，彷彿隨時要動起來又彷彿隨時要垮下去。最精彩的是在展覽期結束一切夷平，平鋪滑順的沙灘上，好像甚麼事都沒有發生過。

有人形容偉大的藝術創作，可以驚天地泣鬼神，而毀滅的力量一樣可以驚天動地。累累的毀滅等待下一次的創作，一次又一次的更加精湛。在印度備受崇拜的三位一體神祇，一位是虛瓦，主掌毀滅；另一位主掌創造，名稱普拉瑪；中間的威虛奴是維持平衡的神。印度傳統認為當我們覺知到創造者與毀滅者，覺知到兩者並存之時就會覺知到第三的。覺知從未存在於宇宙直到人類有了需要，所有意識覺醒的遊戲，開始於警覺有需要而進行。我們由混沌期進入人類的模式，一個需要容納兩極性的容器。因為兩極對比的需要，才有能力去吸引我們所需要的，於是創造出所有過程中需要的慾望以便取得所需，也因此創造出痛苦和享樂。當我們不足時得到即時的需要時，感到享樂的感覺，等下次要得到如此享樂的感覺時卻必須要創出等待不足的痛苦。享樂變成痛苦的釋放，如此的模式也就是我們性狀態建立在神經系統的軌跡。記得小朋友喜歡被搔癢，也喜歡被輕輕的抓癢，這種搔癢抓癢的遊戲用在愛人之間，將會有絕妙的享樂，是非常棒的前戲。這也是運用陰陽能量交流產生電荷振盪而釋出的快感。

◆西藏脈動身體器官胰臟的能量屬性可以描述正面有意義的直覺及負面的情慾曖昧或抗拒自己而扭曲正常的享樂。

一位朋友在家排行老么，父母極為疼愛，雖然家道小康，不管他需不需要，父母爭相把零用錢塞滿他的口袋。所以現在的他，自從父母去世，沒有人再會供應他，也不知如何在社會立足。而一向生活除了吃喝就是嫖或賭，說他好命也可以說是浪蕩子，唯一的責任就是到處借錢去還以前欠下的錢，幾年下來，大家看到他，避之惟恐不及，但是他的口才很好，有些新認識的人還是會借他錢，請他抽煙喝酒，直到他不能再像以往黃湯一杯杯的灌，只要一喝酒，上腹部絞痛，有時還吐得胃要翻出來一樣。即使再瀟灑再賴皮的人，一旦身體有了病痛，尤其是一向引以為樂的生活方式完全的毀了，實在很難坐以待斃，開始慌亂的到處求醫，吃偏方，甚至求神問卜。有神明告訴他要當義工消業障，他真的就從善如流，到處當義工，以求早日可以再像以前一樣吃喝嫖賭。有天他想義工做了這麼久，自己的生日快到了應該好好慶祝一下，當然他的慶祝方式就是吃喝一番。酒喝了一杯沒事，果然神明有保佑。接著又一杯，再一杯，酒杯不要養金魚，杯杯要見底。沒多少有人見他縮在角落，臉色慘白捧腹呻吟，路人幫忙送醫，經過急救，症狀緩和，一個人躺在床上，用手捧著仍然隱隱作痛的胰臟，眼淚汨汨的流下來，年近半百，生命已經不容許如此揮霍，真的該為自己做點有意義的事了。

眼耳鼻舌身意的官能感提供一個偽造的意圖，追逐享樂的感覺，結果一直試著往外尋找感官的刺激，以便否定內在的需要。我們製造出與內在所拒絕的相反。例如他並不想當個窩囊廢到處借錢，可是以前口袋裡有父母給他足夠揮霍的銀兩，吃喝嫖賭的快感可以掩蓋一切的空虛，他不願有任何空隙來感覺空虛或不足感，即使沒有錢也要用盡一切技倆找到錢去買醉，以感官的茫然來代替內在的茫然。

小時候家庭及周遭環境是我們學習的地方，是我們輸入自己對自己的形象，個人的資料庫，成為在人生中可能是最糟的收集及印上標籤的時候。我們往往在有限的經驗裡必須創造出如何讓自己脫離覺得負面的局面，去得到一些注意和尊嚴，不自覺中我們創出痛苦的忍受，來証明我們的慾望存在的需要。為了享樂，為了釋放的快感，我們得先製造出緊張來迎接放鬆的經驗，但是那不是我們的錯，那是人類身體進化的一部分。在母親的子宮裡，胎兒漸漸形成時，我們經驗到不足感，這個不足感即時傳遞給母親以便得到實質的供應。胎兒與母親是透過綠色的頻率互相溝通，適時的得到滿足而放鬆，我們學到如何得到我們的需要。那片刻是非常珍貴的，可是當不足感使我們創出負面情緒時，我們需要覺知。

西藏脈動工作在身體器官胰臟能量的平衡，胰臟為了工作的完成，供應一些身體重點式的發展過程，例如當食物進入胃裡到十二指腸，胰臟製造強力消化酵素，分泌胰島素，高血糖素，多一點能量，多一些注意，帶多一些力量給需要隨後執行的點。因為都是在過程中，無法等待。這樣的經驗，我們接受享樂的癮頭，往往超過已經在那裡被創造過所帶來的樂趣。為了享樂，為了那另外的多一點，為了這個慾望覺得爽，必須製造出格外的負面能量，則成為我們所說的魔鬼。讓人難以抗拒，讓人意亂情迷，讓人覺得萬劫不復。

當佛陀說：放下！他的意思是丟掉非本質的追逐，放掉欺騙性的快樂所做的追逐，免得不可避免的落入兩極性的另一面。師父鼓勵我們要隨性的，每次行動是在隨性的情境裡，你給自己一個機會去清除神經系統的負電充斥。因為你行為隨性是在表達那個負電充斥，因而變成移動的，不再固定的，電流恢復流暢，每次你允許行動隨性，你可以感覺自己的業力，你覺知了。這是禪的整個關鍵。

隨性的即是決意清理在神經系統的阻礙，而不要有嚴肅的想法，如果我們讓我們有過的讓它成為過去，我們就能在此時此刻得到最好的。這是一個方法釋放圍繞在我們心頭的負電充斥。（正負電自然的要形成平衡，不是負電不好，或是正電好，而是負電容易充斥帶來阻礙或混亂的感覺〉。

我們的工作是蛻變，利用創造性發展成完整性，我們不是去追逐享樂，雖然它是發生著，我們不是去尋找痛苦，儘管它是發生著，我們是超越兩極化的，超越負面或正面的，趨向純粹的完整，不然你快樂就會不快樂。當兩極化溶解，我們是忘憂的，即使是最糟的經驗，最糟的理由，最糟的執著，觀照成為最可能的方法。觀照正在發生的，接著觀照發生之前的，接著看到衝動前的那一刻，那一刻，經驗沒有了，理由不見了，執著消失了。呼！你回到了創造性的源頭，外在不再有作用了，你回家了。

四、肝臟能量的運作及劇情的演出〈穩定〉

以前在傳播圈工作，與演員們接觸的機會很多。看著他們幕前光鮮豔麗，瀟灑倜儻，幕後一樣喜怒哀樂，忙碌演出自個兒的腳本。每當一部戲要開拍，進進出出在製作人及導演辦公室的演員不計其數。看到一個演員進去的和出來時的表情變化，有時心情也難免隨著變化。

每個人積極的要爭取工作機會，遇到好機會更是要使出渾身解數。當紅的態勢自然顯現傲氣充滿自信，老資格的演員隱約的有份優雅，即使同時也會有些落寞或蒼桑。一些新人或仍在力爭上游的則是有著類似的氣質，少許鼓勵就回應熱烈，期許更多的注意。等到角色敲定，辦公室呈現另一種忙碌的氣氛，製作人與策劃人從故事的討論，到找適當的編劇鋪序故事的發展。接著找到適當的導演，演員及製作群，期望把文字的描述轉換成大家可以在螢幕上觀賞，並且能夠認同，能夠得到娛樂效果的劇情。辛苦也好，幸運也好，甚至虧盈未卜，幕後的動作無論如何就是要啓航了。

所有的工作來自一個瞭解，現在用心用力聚集一起的條件，全部投射在這樣子的時空場，想的是如何接近到我們希望如何被看的樣子，一路邁進。當第一個設定被完成了，接著又進入第二個，以此類推，從現有的約定繼續移至未來的實踐。通過即時的養成來製造特別的效果，工作成了一個特別的過程而不只是職業的合同，並且允許延伸到最終的形態。

我們學習這樣的過程，在第一個職業裡做出演出的工作而創造出我們的身體。內在的佛性決定成為顯示性的，在中陰身輕輕搖擺做了個煞車，準備進入工作。中陰身必須要找一個適合所要演出的腳本，這個腳本是完成個人需要而量身製作的。當精神是在一個優雅的特殊情況裡，興趣於一個特別的型態，讓能量發展到被精神所需要的最大境界，而且每一生都將要走更進一步，朝向靈魂的最終完成。所以精神的第一個考慮是找出途徑，構成下一個必要的層面能朝向內在潛力完成的旅程。例如上次得到太多的力量，這次則要找到可以提供你必須的品質來經驗衰弱的父母，為了你的完整經歷完成發展的要素，這樣的你的工作開始了。工作在能夠滿足你的精神，你的靈魂而找出一個適合來完成這一生的身體。

◆西藏脈動身體器官肝臟的能量屬性可以描述正面的安全感使心情愉快

的及負面的抑鬱和憂傷。

一位朋友深信斯土斯有財，出社會找工作的第一志願，是能進入國內老字號以一棵大樹做標誌的建設公司工作。在還沒擠入這家公司前，自己就下功夫研究本土的房地產。每天最大的樂趣是走訪各處正在打廣告銷售房屋的工地，雖然還是個賺多少花多少的窮小子，看房子的模樣比真的有能力買房子的人還要認真，甚至義務的幫人家當起顧問來。沒多久引起一位小建設公司女老闆的注意，邀請他到公司任職，雖然他很想堅持自己的志願到大公司上班，但是這位老闆願意培養他，訓練他，即使剛開始的薪水不多，覺得被接納的心情還是很令人振奮的。

工作上他除了和房地產有關的事能抓住他的注意力外，其他的他都覺得沒甚麼好希奇的，感情生活幾乎是空白。他這麼的喜歡這份工作，很快的也得到了回報，公司以低於成本價賣給他一户房子，他極為興奮的擁有了生平第一棟有土斯有財的實踐品，不過他不是拿來住，而是悄悄的待價而沽。果然賣了個好價錢再和朋友投資買土地，一翻三滾，累積了不少的財富，當然手上少不了一些搶手的房地產，因此也跟提拔他的女老闆交惡而離開公司。他覺得自己沒有做錯甚麼事，一切就事論事，從來也沒有誤過公事，只是女老闆對他有情緒導至必須離開公司。感情不能就事論事，感情是發生在事件之外，而且無法裝在固定的箱子裡，因而令他覺得失落感，雖然沒有做錯事卻覺得抱歉的感覺。

不過一轉身他又投入帶給他享樂有土斯有財的信念裡，保持一切外在合乎他的需要，投資為了要賣，賣了為了要投資，投資為了要有錢。後來有朋友慫恿他投資一塊有產權糾紛的土地，因為有厲害的後盾撐腰保證打贏官司，之後將可獲得數十倍的投資報酬率。利令智昏，他集合所有的資金賭上這場認為必贏的案子。可惜人算不如天算，不但沒有打贏官司，他的朋友還帶著他託付的資金落跑，不知去向。那段日子令他痛不欲生，抑鬱極了，幾度認為自殺算了，恨自己聰明一世，糊塗一時，現在只留下悲傷和哀嘆，天天沮喪的過日子。

生命依附在一個特定項目去帶來享樂的理由，當這個理由不存在時即製造出抑鬱。沮喪是緊張和負面電荷緊繞在肉體上心的四周，特別是在肩膀及上胸口。緊迫的電流給我們持續沮喪的感覺，好像一個心的保護網，事實上卻妨害了心的感覺，去接受或者表達它自己。我們發展了一個深深的相信，可能來至無助的童年，當我們是小孩時有無窮的負向能量而沒有膽量去表達，因為害怕被傷害，如果再次去經驗到，不知如何應對別人給你的負面回應。幼年時期長期與親生母親沒有聯繫而產生的失落感，將深深的影響著與女人之間關係的建立，形成排拒與女人有任何認真的感情依附，相對的否認需要母親的心情變成對外在積極的侵略性。

西藏脈動工作在身體器官肝臟陰陽能量的平衡，瞭解事情的頻率，知道生命內在精妙的舞蹈；感受每一件事所攜帶活生生的頻率，瞭解生命就是對頻率的理解。師父說：「工作不是你去做的某件事，工作要變成甚麼是你的，那個來自早已是跟著你的頻率。」不要做退縮的事，不要活在外在，不要讓生命活在外在的標準，但是把你的生命帶進讓自己滿足於貢獻的位置上，從那裡工作。不要工作在不可能滿足的計劃上，如果事情創造出你的矛盾，這就是自我毀滅。因為我們沒有得到我們所想要的，往往也會去拒絕已有的。

近代俄國奇人戈其福的工作是非常專注於觀照。他告訴人們，不管人家說甚麼，不管曾經有任何問題，觀照再觀照，這是真理，直到你看到那個你不能跳開的那個點。即使你是用這個星球上最鋒利的方法，即使你能分析到最小滴的過程，假如你不能觀照，不願意觀照，你便無法獲取跳開的剎那。

西藏脈動的工作，與心同謀。心是這麼的溫柔體貼，把我們從幻覺裡帶開，由相信裡帶開，我們的工作使幻覺和所相信的事暴露出來，但我們必須樂意去看到，去看到我們不是那個也不是這個。驚人的是自我從不想去看到這些，西藏脈動的創始人以自己的經驗告訴大家，蛻變是可能的，蛻變的事是樂意去改變，但是你必須是那位永遠在那裡的觀照者。

西藏脈動綠波包含四個身體器官屬性能量的運作，是西藏脈動修持傳承，形、式、本、能、知、覺中的「形」。意在內在的價值，保護的實現。「十二指腸」的能量代表需要是為了和平，希望是為了尊敬；「膽囊」的能量代表需要是為了自由，希望是為了期待；「胰臟」的能量代表需要是為了秩序，希望是為了權衡事宜；「肝臟」的能量代表需要是為了安全感，希望是為了永恆的。

剛回台灣第一個就是以綠波打開西藏脈動的名號。在物慾主流經濟掛帥的社會，到處以金錢衡量才能夠生存。金錢不是萬能，可是沒有金錢卻是萬萬不能，這樣的價值觀著實令人難以放鬆，時時得繃緊神經為將來打算。工作在綠波已被實驗證實可以融化，站立在人生四個角落的負面想法。一、擔憂，二、依賴，三、混亂，四、罪惡感，重整心的價值觀，溶解那些恐懼來源的相信，轉化無所適從的種種制約，讓能量自在，也讓自在的能量引導我們進入整個存在的自在，倘佯在綠波的蕩漾裡。

第八章

藍波情事

為內在的和諧潛力的實現

覺察性愛事實是由心主導，
以表達我們的性能量，
陰陽交流蛻變成回到整體的大喜樂。

一、陰道／陽具能量的運作及劇情的演出〈驅動力〉

飆車族突然變成社會的一個令人厭惡的名稱。起源於十幾年前在台北寬廣的大度路，午夜曾幾何時開始聚集一群的青少年，個個騎著排氣管拔掉消音器的大型機車，喧譁嘻嚷。有的是本身裝扮，酷的不得了，有的是機車上繪圖噴漆搶眼眩目。總有幾個較老練帶頭的在吆喝，沒多久四周圍觀的人也開始交頭接耳，指指點點，好似期待精彩的演出。場內場外的氣氛一下子高漲起來，原來重頭戲即將開始，一輛輛的機車轟隆隆的，隨時要飛出去一樣。就這樣傳來此起彼落高亢尖銳的喊叫，蓄勢待發的片刻，每個人似乎禁不住的興奮了起來，無可理喻的興奮一下子無頭無腦的燒了起來。一部部的機車爭先恐後長嘯而去，後續一片吶喊聲加上排氣管囂張的喘氣聲，依然迴盪，真叫人難以記得昨天的我是誰，明天的我又是誰。

這樣的熱烈一陣野火般的燒到中南部來，接著一件件慘不忍睹的意外發生，幾乎都是少不更事的青少年，跨上機車前油然浮著稚氣，滿臉堆砌的神勇抵不過下一分鐘魯莽帶來的驚嚇。有的連再睜開眼的機會都沒有，有的還來得及叫媽媽卻一步也走不動了。飆車族的慘劇驚動了整個社會，父母們心驚肉跳，警察們疲於奔命，當政者捉襟見肘，教育界大聲疾呼該如何因應。與其一味遏止飆車族的行徑，不如正視青少年為何無畏恐懼強行要飆車。飆車讓自己標新立異能夠追求高速帶來的快感，直到慘劇發生才嚐到背後孩子氣急於掙脫的無知和曖昧所切入的痛苦，後悔莫及又急於後悔，想要長大不一定要走這樣的路呀！

西藏脈動的傳承，陰道和陽具對應的能量，像是我們身上的早已安裝好的駕駛系統，神似於機車的操作，轟隆的加油聲，令人不得不側目相看，跨馬姿態有如加碼的英雄，隨時鬆開手把就要奔馳而去，徜徉大街小巷。這時我們經驗了樂趣，也經驗了與眾不同的感覺，經驗了與別人有所分別卻擁有自己的獨特性。

這樣的過程往往發生在青春期，我們的能量轉換兩極化的性別，突然間我們變成男性或女性，同時我們也失去了感知的平衡。這是我們進入性別認同所付出的代價，不自覺的想要一切是特殊的，厭惡規則的束縛。雖然這是個過程，常有人在身體層面走過了，在心智層面卻裹足不前。

◆西藏脈動身體器官陰道和陽具能量屬性，可以描述正面的有效率的驅動力，精明的價值判斷和負面的魯莽，逞威風，大膽無禮的行為。

一位朋友任職廣告界、一表人才又善於打點自己的穿著打扮，站在人群裡不看到他很難。認識他幾年來、風流豔史一次比一次精彩。他說女人是他的靈感，性是他生命的探索。為什麼那麼多人喜歡看探索頻道、因為名字是探索、內容是探索、精神是探索、每個人都想探索卻無力探索，只好四處外求，至少有個頻道叫探索，安慰許多規矩的心靈。而他自認有能力，就在自己的生活圈裡實踐生命的探索，夜夜春宵，第二天醒來還來不及問對方的名字就急著趕去辦公室打卡、開會或開始一天緊湊的行程。內在泉湧著犀利的廣告策略百發百中，令人折服，被客户及公司的老闆視為寵兒。他也暗自得意工作上無礙的靈感是自己劍及履及隨時滿足性的需求，甚至他的筆下自有顏如玉，滿足他的遐思，將記得跟他有過一夜之情的女人具備的特點融合在筆下，雕塑成一位他心目中的性感女神，時常出現在他的廣告腳本裡，得到激賞。問題是每次與女人一夜激情，想要下一次約會時，只會記得對方身體或行為的瑕疵而作罷。例如對方的眼角有塊疤，胸前有顆痣，腿毛太長，吃飯會打嗝，打噴嚏太大聲，笑起來沒掩嘴，還好不會困擾他太久，因為身邊有數不完的美女等著他這位獵豔高手的大帥哥。

有一天代替同事去參加一個研討會，遇到一位小學同學，十幾年不見，兩人見面居然很快的認出對方，使得雙方非常的興奮。研討會後，一男一女毫不避嫌的勾肩搭背相偕去喝茶，講不停小學時代的記憶交叉十幾年的成長過程。突然在他覺知到對方開朗風趣的談吐掩不住的美色時，一下子舌頭打結，從未有過的經驗和感覺，居然和一位頗有姿色的女人如此親密的歡聚而沒有一絲男人慣有的蠢動和慾念。女人察覺男人神色有著微妙的轉變，笑笑的說：「你的生活從來不缺女色，缺的是女的朋友，試試看交個能談心的女性朋友如何？」男人不諱言一向對女人性趣濃厚，很難拒絕自己不把女人帶上床，即使是她也不想例外。女人也老實說很難拒絕他的魅力，不過希望有些交往的過程。時間晚了，兩人有點依依不捨，最後還是揮手道別。第二天他又投入慣常的生活模式，絕不浪費生活中的樂趣，性是他的靈感，靈感是他工作的寶劍，是他擁有優渥生活的保障。只是現在再美的女人在他身邊，激情過後，小學同學慧黠的眼眸，嘴角撇著揶揄的笑意不時的會縈迴在他的腦海，漸漸的覺得有點困擾的感覺。幾次打電話約她一起吃飯，總是遇到一堆廣告界的朋友，兩人裝做一付哥兒們的樣子，等到分手的時候，心裡有股隱隱的空虛和虛弱感。

長期進行例行公事般，處在像是進行曲的韻律裡，當我們感覺一種用力拉扯的經驗，為了某人或某事而困難調整自己的機動性，不確定我們是誰，我們感覺到某種的虛弱感。當我們出生時，一切都是那麼的無助，只有在尿尿的時候，一有緊張，我們就可以正確的做到釋放緊張的動作。因為可以自主的做，我們經驗了個人私密的樂趣和模糊的成就感，陰道和陽具成了我們原始個人愉悅的所在處。當我們慢慢的長大，不由自主的往外尋找類似的成就感，活在完成外在的世界，一個社會交際組成的世界，讓集體意識越來越控制我們的生存，形成機械性的生存意識。諷刺的是我們全然的介入機械性又全然的認同我們的機械化。例如性行為釋放了底輪的緊張，為了再次得到釋放緊張的快感，我們必須累積緊張，或者對商業式的性慾有太多的想像和認同，等到自己真槍實彈上陣時，很難感到滿足，很快的影響親密關係。每次似乎有人瞭解了我們的需要，可是沒多久又走上同樣的路口。我們開始為對方設定標準，並且附帶自己疏忽不檢點或心不在焉的態度，讓對方沒有辦法滿足我們，直到彼此又開始去尋找另一個伴侶。親密關係的能量從愛慕到同意，有條件，用合同或是言語上的同意，甚麼你能，甚麼你不能，甚麼是可以，甚麼是不可以，親密關係變成只是另一個性慾的遊戲，沒有感覺，沒有信任，沒有品質。

西藏脈動工作在身體器官陰道和陽具能量屬性的平衡，覺察性愛事實是由心主導，以表達我們的性能量，藉由陰道陽具的結合，意識開始能換檔往上提昇，兩人接觸的剎那，陰陽能量交流蛻變成非常歡愉的片刻，一種回到整體的大喜樂，我們可以將充滿的能量運作得宜而不會超出所需。

二、膀胱能量的運作及劇情的演出〈鎮定〉

當藍色小丸子威而剛在台灣問世時，真是威驚武林，萬頭騷動。報章雜誌爭相報導，有些老伯伯看到自己頹廢已久的小兄弟再顯雄風，感動得老淚縱橫，鼻涕一把一把的擤，好似洗脫沉冤，雪恥在望。有的婦女同胞卻埋怨丈夫索求無度，不堪其擾。聽說聲色場所增加了不少雄壯威武的聲音，小姐吱咯咯吱的笑，笑荷包飽滿多了。這是多麼的奇妙！一顆小藥丸讓性事對社會文化有形無形的影響，重新大肆洗牌。據說全球已賣出三億顆，每顆四百元，黑市兩千元，算算藥商心裡有多快意呀！真的有這麼多男人不舉嗎？背後的原因是甚麼？難以控制乾脆放棄控制了嗎？這比賣出這麼多藥丸更是需要心驚肉跳。如果人類意識原來已被深鎖在黑暗角落，男人寧願自閹似的不舉，把自己身心的困擾交給藥廠，誤以為吞下一顆藥丸就可以馬上解決內在的黑潮，翻身一舉成功實現在人間從此一切美好的神話，世間似乎真的就需要繼續這種高舉的神話了。聽說小兄弟砲彈轟盡偃兵息鼓後，還得高舉槍桿子數小時，親愛的寶貝不累嗎？天呀！這不是壓力是甚麼？親愛的女人，妳滿足了嗎？親愛的男人，你夠了嗎？

壓力是當你在執行你的那部分時，恐懼失去控制，或是無法實踐自己個人的衝動。當我們相信我們並不能做好我們應做的部分，這會令人持續的害怕，唯恐有人會察覺，人前人後全然不同的姿態。等我們玩厭了就會對自己的作為覺得反感。或者逼自己太緊，即使放鬆一下都不行，否則就產生了強烈的善惡觀念及害怕當眾出糗的恐懼，成了深深的苦惱。我們只能看到甚麼是我們是的，看不到甚麼是我們不是的，我們認同社會對我們的期望。性慾是生物電能的源頭，當我們經驗一個生物電能的衝動，往往衝向一個領導位置的要求。男人就是如此的首當其衝而來到一個領導者的位置，在還沒有學習如何控制局面時，就好像進入一個惡作劇裡，發生難以置信的事。一次又一次的，反正你不能維持那不是屬於你的，乾脆相應不理算了，避開逐步變化而被羞辱的恐懼。

◆西藏脈動身體器官膀胱的能量屬性，可以描述正面的勇氣能清楚的導航，通曉事理和負面的牽強附會及偽善矯飾。

心痛的感覺來自我們的想法找不到支持的理由；我們的想法太直接了，需要太多了，我們對關係的感受越來越貧乏，並且越來越刻意的隱瞞，心想反正也到不了那麼遠，對任何想親近的人來說，這般關係是會感到心痛的。

一位朋友聲音細軟，常常刻意的打扮，顯得非常嬌豔性感，忍不住要對她吹幾聲口哨，只是她的身邊總是隨著一位彪形大漢，想吹口哨的輕佻滑溜的倒吞回喉，代以幾聲咳嗽，訕笑來隱瞞自己的尷尬。每次出現身邊不同的大漢雄壯有如大型鬥犬，初見面的生疏，我們都覺得坐立不安，早點說再見算了，所以這些姊妹淘只好警告她，尖酸的說下次再帶個非人類來，恕不招待。有時大夥兒一起到市場或大賣場，其他的人試吃後不好意思總會多少買一些，而她可以一攤攤的試吃，然後若無其事的走開，吃到喜歡的，回頭吃了四、五回，有些店家看了表情僵住，口兒半開，她依然吃得嘴裡仄仄有聲，大夥兒躲在一旁的角落猛笑，等著她歸隊。

有一天有朋友看到她在家門口的巷弄，夾在兩個大男人之間，頭髮零亂，面孔赤紅，雙手揮舞，右邊的男人推她一把，她踉蹌斜倚在左邊男人的身上，左邊的男人絲毫不憐惜的把她推回去。接著她大展雌威，潑婦罵街般的對右邊的男人狠罵了一通，再轉身罵左邊的男人，罵得非常難聽。兩個大男人獃立在那臉色慘澹。突然左邊的男人上前推了右邊的男人後，拉腿就跑，右邊的男人回過神來，高罵了一聲準備追上前去，卻被她一把拉住，半推半就的拉到門內去。本來要去拜訪她的朋友看完了這一齣戲，知道來的不是時候，改天吧！一陣子朋友見到她，穿著隨便，脂粉不施，問她怎麼啦？她說最近身上長皰疹，時好時壞，心情大受影響，乾脆封箱蓋盒離開化妝臺，專心治療，沒興致打扮了。

矯飾的能量發展出一個特殊的親密關係—「惡霸與潑婦」，女人以刻意營造的性感有意無意的吸引男人的性趣，到了節骨眼又加以拒絕，製造出火爆性的場面，性慾幾乎形成暴力行為。歐美文化稱女人如此挑釁為潑婦式的行為。重覆經驗痛苦的性慾以透過暴力來擠壓偽裝的反控制慾，因此她選擇興趣在控制，以便征服，以便統治，以便可以成為惡霸的對手。為了維持一個優越的情勢，必須不斷地歸咎於別人的愚蠢，以便隱藏自己真正的情感，為了隱藏是需要不斷的爭霸戰，以便實踐沉重慾望的獸性。就這樣的潑婦和惡霸不久變成了蕩婦和蠢蛋，對過去從未考慮的人，碰到了就急忙趕著使用。男人因為倉促射精太快而覺得丟臉，女人害怕自己只是有用而不是有吸引力而覺得羞恥。我們責備自己為何接受不是自己想要的性伴侶，卻又想要更多的性經驗，善惡觀念站起來判斷自己的道義是不良的，開始貶低自己，怪罪自己而顯得對自己嚴厲，或對別人粗暴，有時反省一下自己，又覺得自己為什麼不能去原諒別人或原諒自己。

這樣的誤認自己是蕩婦或是蠢蛋的苦，是種精神上的苦，往往會轉成皰疹，以肉體的苦來掩飾內在的苦。我們有接觸卻沒有感覺，心麻木了，只有頭腦抱著成見，覺得反正會失敗，反正是一無是處，每件事的失敗懶得面對而極度害怕別人看到你的軟弱，越是害怕越是覺得有心臟有問題，其實是在膀胱神經系統所詮釋的壓力。因為害怕別人的親近而先發制人的攻擊，往往帶出心臟麻痺，丹田無力，自我感到衰弱因而更是帶來恐懼，為了想保護自我而增強控制力，先控制身邊的人免得自己被控制。

西藏脈動工作在身體器官膀胱能量的平衡，察覺所有我們有過的負面經驗成為我們蛻變的燃料，所有累積的錯誤判斷，給我們一個機會去穿透，去融解我們所有心所忍受的痛苦，蛻變不再是遙遙無期。此時極度的需要進入內在，沒多少時間注意外在。在蛻變時間耐心的工作直到神經系統重新醒過來。每次因為我們的用心，打破了負電荷的循環模式，恐懼消失了，憤怒不再有了。這時我們經驗了生物電能的特性，正負電荷不平衡造成的短路，讓我們經歷種種情緒後的執著。流暢時，我們理解了能量的本質，再次的啓動，像是一個頓悟，一個真實的達成。

當我們由恐懼中自由，剎那間我們通過了，是生命的智慧帶著我們穿越了，當我們看穿了以往讓我們覺得羞恥的事或是甚麼不得了的事，或是感受到對恐懼的愚蠢，突然間我們變成幽默的。原來自慚羞愧只是一時糊塗。即使最糟糕的錯誤，原諒了別人也是原諒了自己，感謝老天！我們接受了愚蠢卻因而獲得了幽默感，我們可以有能力去看透別人的想法，同時又可以感受到別人的真誠，並且把自己擺在真正想要做的情勢裡，經驗保持警惕又可以冷眼旁觀的觀照者。呀呼！

三、副腎能量的運作及劇情的演出〈勇氣〉

有一陣子，很多婦女同胞們害怕去公眾場合的廁所或更衣室，或者三溫暖，賓館。近四成的民眾到了外面以憋尿應付這種不安的感覺，不理會難耐的口渴就是不喝水，免得鬧尿急，避開被窺視的恐懼。聽説人類喜歡偷窺是因為可以挑逗情慾，滿足個人的性趣，不過利用偷拍侵犯別人的隱私，是一種越矩又不文明的事，有辱禮教。還有的夫妻情侶被自己的另一半在臥室內裝針孔攝影機監視，感情到了這個地步，還有甚麼美感可言？真的逮住了甚麼而拿來充當證據，威脅勒索，這種鬼祟卑鄙的作法跟感情有甚麼關係？怎可以夫妻情侶之名行使如此令人討厭的事。更惡劣的是把偷拍來的鏡頭印製成光碟片在市面銷售，買的人又把片子上網路讓別人下載，熱衷此道的人，不彷看看自己是否常擔心未來的前途，不敢杖義直言而扮演犧牲者的角色，以為有壞人存在所以會有可怕的事發生。

諸如此類的偏見，因而站在暗處進行偷窺的行為以逃避去正視自己的問題。深究之下，這些人內在是個道地的懦夫，所以當電影超人上演，票房記錄十分傲人，影迷千千萬萬，看到平常文質彬彬的男主角化身超人，即時拯救危機，打擊惡勢力，是多麼的大快人心呀！其實每個人內心都有個大英雄，知道有的人會有勇氣坦然面對人生，不知道有的人，只好落跑或是躲在陰暗的角落暗自神傷。恐懼面對不可知何時有甚麼東西會由背後偷襲，害怕一不小心會被遭到詛咒，持續過度緊張，高血壓就要出現在健康報告上了。

過度緊張是相信我們應該承擔一些被別人談論或是被別人攻擊的宿命論，例如我們的外觀不是很端正，只好接受別人的嘲笑，我們的家世不是很好，只好接受別人的排擠，我們的身體不是很強壯，只好接受別人的欺負。相信使我們以為應該成為別人的槍靶，拒絕看到自己有能力去扭轉乾坤而等到別人鬆手時才逃之夭夭。好像高血壓的人老是覺得急躁，對於事情的經營想要及時的一次擁有，以便拿了就跑，免得一不留意又成了槍靶。

◆西藏脈動身體器官副腎的能量屬性可以描述正面的勇氣和覺知及負面的過度緊張，反覆無常的風頭主義者。

一位朋友是小型飛機老資格的飛行員，常常要第一個試飛新的機種，需要過人的勇氣。看他著裝正式飛行的行頭，有一種震懾全場的氣勢，便裝時像換了一個人似的，平凡得像公園內蹲在地上玩紙牌的歐吉桑。但是他有一位非常漂亮的老婆，只是不喜歡跟他一起出門。鄰居對他們的關係覺得很好奇，十幾年來沒有看到他們生養孩子，出入都是各走各的。

有一天鄰居見到老婆驚慌失措的出門，想想又回頭問鄰居警察局怎麼去，走路遠嗎？鄰居建議坐計程車，話到嘴邊想問她甚麼是事？需要幫忙嗎？她連謝謝都沒說就小跑步的往路口去招計程車了。這下鄰居真的好奇極了，回家不時到陽台探頭看，巷子口如往常一樣，沒甚麼特別的。第二天鄰居在樓梯口碰到老婆，她輕輕的說聲謝謝就快步的往自家門前去，鄰居也不好意思多問。後來有警員來調查户口，七拼八湊的問出漂亮老婆去警察局的目的，原來她年輕時和一個痞子同居過，這傢伙趕流行似的翻出她以前在床上的裸體照來向她勒索。所幸這位朋友根本不理會痞子的威脅，認為自己的老婆這麼的漂亮，非常值得被欣賞，只是不要過了頭，否則他會盡一切全力保護自己的老婆不會受到任何的傷害。痞子聽到當老公的這麼清楚的表態，不在乎甚麼裸照不裸照，當然知道沒甚麼搞頭，從此消聲匿跡。爾後也聽到朋友的朋友談起漂亮的老婆一直很不滿他沒有能力供應她富裕的物質生活，老是當一個試飛員，沒有甚麼成就可言，所以兩人的婚姻生活一直是相敬若賓，各自為政。不過大家祝福他經過這件事，老婆能感激他如此勝任當老公的角色，堅決的站在她的身邊，而且在自己過去的無知裡義務的演出智退壞人的戲碼，但願她能夠瞭解一個值得委任有勇氣的人，是關鍵時刻的裁決者，是化干戈為玉帛的妙手。

師父說只有兩個理由算是活著有意義，一個是我們一再被提醒的勇氣，一個是我們現在在談的覺知。成為接受性的可由恐懼中自由，早期我們就稱之為覺知，稱之為鍊金術。覺知作用於內在和外在，覺知是整體的概念，作用於你與環境的，是非常的微妙。至於關係到液體的，百分之七、八十供給我們身體需要所要求滋潤的液體，覺得甚麼時候需要補充，所感覺甚麼是渴的是副腎的責任。口渴比饑餓感更早，是人生第一個需要，而且渴的不只是水，還有被愛，被觸摸，被擁抱及表達愛的感覺。副腎的功能好像是幾何學，解答身體的需要及如何實踐，它知道甚麼是缺的，甚麼是需要的。血液就是情緒本身，照顧我們血液的就是腎上腺，當血壓過高，副腎密集的分泌荷爾蒙刺激神經系統，讓血壓降低；血壓太低，則積極的照料以便調高。腎上腺是自律神經的一部分，主控生命中的警覺性，照顧我們面臨威脅或強烈情勢時必須要做的反應。

在親密關係裡不是把性慾鎖在百寶箱裡，而是發展使瞭解成為事實。開始尋找完美的愛人，追求真愛二重唱，為我們生命譜出的詩歌做個完整的註腳點，圓滿我們需要被感覺的感覺。從另外一邊傳來的愛曲是來自新的地方，新的方式，同時是相同的主張，追尋會聆聽我的詩歌的人，此時愛人正在甦醒，開始尋找那另外的一半。順著事實的腳步，我們的勇氣慢慢的被封鎖，我們害怕去表達自己，我們發展出一個沒有理由的恐懼。覺得要在社會推進的衝動，提昇叫做身份地位的，用力在身份地位的成就，被社會能承認及表彰的，好像進入到西洋棋的遊戲組織裡，因為別人的支持使你得到了好的身份地位，如今別人又拼命的排擠你以便取代你的位置，在某個點上我們只好放棄掙扎而讓他們得逞，生命變得好像剩下一半一樣的困難。

西藏脈動工作在身體器官副腎的能量平衡，開始覺察，惡夢與甜蜜的夢由同樣的一個地方昇起。如果我們繼續認同自己負面跟著而來的恐懼，並且軟弱的忍受痛苦，無助的壓抑憤怒，這個時候則是更加強了這個惡夢。自我揪住你讓你覺得回頭已晚，自我越害怕就越不敢放手，越緊張就越抓住你，如同地獄煉火般的惡夢，燒得你支離破碎。也正因為如此我們必須到了真正要做決定的時候，只有這個時候我們願意放下身段，由外在的物質世界轉向內在，決定進入蛻變的過程，拾回遺忘在黑暗裡純然的覺知，連繫自己內在情感的需求。難不難？就看你有沒有勇氣和你的覺知坦然相對了。

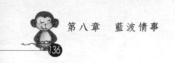

四、腎臟能量的運作及劇情的演出〈思想清澈〉

國外同性戀的團體一直極力爭取同性戀人權的合法性。以澳洲雪梨為例，每年三月的大遊行，二百輛爭奇鬥艷的花車，十幾萬的遊客湧入市街，帶來歡樂的氣氛，遠遠超過一般人對同性戀陰鬱悽愴的想法。尤其媒體或是有些電影刻意針對晦暗的人性掙扎，大肆著墨在同性戀的角色加以針砭，那種情慾的糾葛千篇一律發生在異性戀裡，才是有過之而無不及呢！為什麼特意去岐視別人的同性性愛的人？自己的陰冷才是可疑的呢？會不會自己也蠢動過，通不過宗教或傳統的制約，恐懼被譴責，揮舞著斧頭急於劈開進不了也出不去的樊籠，小心斧頭不要落下來打到自己的腦袋瓜了。

同意賽斯的說法，一個人的一生成長的生物過程中，有不同強度的變化在各種不同的時期，其中愛及其表達會閃動和雲霧般遊蕩不同的方向，這當中也有很多重要個人的變奏，可是這些自然的韻律很少被察覺到。小孩同性戀的傾向很明顯，很自然，像異性戀一樣自然，可是卻嚇得大人哇哇叫，千方百計的阻擋，擋到小孩都長大了，還是陷於樣板。

個人的創造慾，常常在青春期以強烈的方式展露，不管那一個性別。內在的衝動在其表現上與被期待的性別不一致，那麼這樣的年輕人變得困惑了，創造性的表現似乎與期待中性的標準直接衝突。

愛存在，不論有沒有性的表現，但是很自然的，愛要求表現，愛意含忠實，意含承諾，這對女或男同性戀，及異性戀一樣適用。可惜身份與性別如此樣板化，以致很少人足夠認識自己而能瞭解愛的本質及去做任何的承諾。師父說男性與女性的身體，若以電流來形容，正好一個是陽極，一個是陰極，但是單一的一極是不可能長久存在。直接的說每一個男人的內在有個女人，每個女人內在有個男人，時而合一，時而獨立。青春期性慾的洶湧，人們對內在能量的變化無所適從，在這人生重要的轉折期裡充滿了困惑，並不是困惑造成了性向不清，而是累積的困惑使負電充斥形成憎恨。

男性無法容忍女人是他生活中親密的伙伴，女人抗拒自己女性的天性，只有人們對內在能量發展出清晰且科學性的瞭解時，就不難在外在的親密關係做出正確的選擇。請記住，靈魂是自由的，沒有男女之分的，先請不要急著為自己下標籤。

◆西藏脈動身體器官腎臟的能量屬性，可以描述正面的思想清晰，鎮安自若及負面的投射譴責，想法雜亂，無能確知。

一位朋友長像敦厚，性情內斂，經營自己的事業頗為成功，人緣很好，只是從來沒有聽到他提起自己的家庭狀況，倒是看他三兩天就往按摩院跑。有時看他眉頭緊蹙，還以為他有甚麼難以解決的大事擱在心頭。終於有一天他自己打開話匣子，提到自己長年背痛，去醫院檢查給了一堆的止痛藥，吃到胃痛背還是痛，現在是為了背痛還得忍受胃痛，覺得人格要分裂了，看到一個很生氣的自己，也看到一個很無奈的自己。吃藥打針，按摩針灸，有人說先治這裡，有人說該治那裡，曾幾何時到底自己在忙亂甚麼，自己都弄糊塗了。背痛還是不時的折磨他，感覺這麼的混亂，不由得反問自己，到底那裡出問題了？

首先想到是自己的親密關係，雖然和妻子同枕共眠，真的只是睡覺上床躺在一起，天亮醒來，妻子已經去公園跳土風舞，自己隨便吃個早餐就到公司去。記得剛結婚，他是性趣勃勃，她是敷衍了事，過了一兩年，她開始嘀嘀咕咕說，別人老是問她甚麼時候請人家吃紅蛋？真討厭，有時候她會說我們來做愛生孩子，免得被笑話，有時催他快一點她想睡覺，有時她說做了白做，沒意思。漸漸的他發覺自己的小兄弟不太聽使喚了，剛出操到就罷工，妻子使了白眼轉身自顧自睡覺不理他，留下他滿頭汗，摸著意興闌珊的小兄弟，心裡一股涼意，無聲的對自己說，你完了！過了一陣子，沒有再聽到妻子嘀咕要生孩子的事，他自己也裝做沒事的樣子。一天下班回家穿過客廳，見妻子用電話和朋友聊天，就自顧往內走，突然妻子提高聲調對著電話說：不是我不能生，是他陽痿！剎那他覺得自己凍僵了，難以置信聽到陽痿兩個字由妻子這樣大聲的嚷出來，他慢慢的回過身來，目瞪口呆的看著妻子，正想提步走過去，一陣刺痛由尾脊直衝腦後勺，整個背部是灼熱的，他忍住想興師問罪的氣憤，轉身往書房走去，把自己在裡面關了一夜。從此他的背痛讓他輾轉反側，難以入眠，妻子除了偶而埋怨，兩人已沒甚麼話好說了。

背痛是種很糟糕的折磨，眼、耳、鼻、舌、身、意、存在於心理層面之前的一切感受，集中在背部脊椎傳遞到大腦。不變的通路，在負面電荷充斥的點形成驚嚇，卻必須一再的被碰觸。背部的緊張，是因為腎臟的電荷循環不良，也有可能因性慾的問題產生生理不協調，假如性能量的表達不是真摯情誠的，會創出有關性慾上無比的困惑。

西藏脈動工作在身體器官腎臟能量的平衡，保持腎臟電氣循環的清晰，同時也可淨化性慾的衝動，還我們一個純真。假如性生活不能給我們樂趣，清理我們的腎臟，允許情緒與性慾像職業的花式溜冰，共舞在獨有的場地，淋漓盡致，高潮迭起。

辯證法的雛型好比腎臟的循環電荷，一個代表辯方，一個代表證方，經過兩方對照，產生相配的綜合體而形成我們稱之為的瞭解；瞭解是由雙方互動中產生的，這是在腎臟電氣循環所能看到的源頭，則稱之為思想清晰。學習由過去式的經驗帶到現在式，由行為、接受、作用、結果四步驟構成情緒，但是情緒不是愛，是電荷以一個火花的方式跳入愛的寫真集，而不是愛的本身。透過腎臟的能量主導情緒有作用而得到瞭解。

當腎臟的電氣循環反應身體內在的需要，視為行為；找出物質來解決需要，視為接受；幫助身體緊張釋放，視為作用；瞭解變得清晰的，視為結果。當我們性慾衝動時，自然的想要找到滿足的方式，我們學習依照腎臟的電氣循環，找到解決性慾的需要來釋放緊張。我們從而最初的性慾經驗，開始輸入了認同感，形成我們個性的第一層面。我們經驗解決充斥我們性慾的電荷，是透過另一個性別的功能而啓動了對自己身份的認同，然後我們是那麼的認同，我們發覺自己的反應老是出錯，通常是欲望產生的錯誤印象，由別人給我們的投射所做的詮釋。

我們不知別人真正需要的是甚麼？裝滿了不是很嚴重丟臉的那種感覺。走錯方向，文不對題的感情生活非常的混亂，意識的鏡子沾滿了塵埃，這個時候請瞭解，不去憎恨別人，讓你由過去式走開，愛你自己，讓你由未來式走開，不需要尋找愛，愛已存在。沒有任何一個人能憎恨的，因為我們是一體的，沒有任何一個人能愛的，除非我們愛所有的一切。讓我們從一個好地方允許內在的感知開始，讓我們從一個好地方開始放掉過去吧！讓我們倘佯在愛裡，讓陰和陽都實踐吧！

西藏脈動藍波包含四個身體器官能量屬性的運作，是脈動修持傳承中的「本」，意在內在的和諧，潛力的實現。「陰道和陽具」的能量代表本能對使自己永存或再生認同成就的祝福；「膀胱」的能量代表本能對愛或控制為了再製造，認同魅力的祝福；「副腎」的能量代表本能對生存，解救自己認同覺知的祝福；腎臟能量的代表本能對給予或自己本身的，認同權力的祝福。

藍波的能量給朋友經驗到水水的，藍藍的感覺，當內在性慾的能量先被認同輾轉又不被認同時，只好壓抑在不知名的角落，又不時四周襲來擠壓，一陣晃蕩後，身形窩捲匍匐，即使有翅膀也不敢飛的感覺，苦惱極了，甚至羞於啓口，誤以為自己遭受天譴。食色性也，連嚴謹的孔夫子都得如此放言。西藏脈動工作在藍波的能量，舒坦對性慾的困惑，只要你願意，做個快樂的另類孔夫子吧！

第九章

黃波情事

為內在的特質成就的實現

當否定一些我們自己的觀點，
去成為一切事情強勢的一面，
則否定自己敏感的另一面。

一、脾臟能量的運作及劇情的演出〈生命力〉

台灣選舉名堂之多，選舉期之密，不但令小百姓們眼花撩亂，更是不堪其擾。一早宣傳車大街小巷的跑，既然是宣傳，麥克風的聲音當然不客氣，像得到特權般的拉高分貝，一輛剛過又一輛到。宣傳期到了尾聲更是誇張，不曉得選舉的花招如此的戲劇化，哭調、文唱、武嗆，街頭巷尾不停的上演。

外國朋友知道這是甚麼玩意兒後說：你們的民俗風氣真是超級民主，居然候選人可以入侵住宅區大肆製造噪音。政治人物公然的做出不是很道德的行為，這是壞榜樣，這種操守握住大權時會是甚麼德行？你們放心嗎？

台灣朋友回答說：不這樣就選不到，選民的素質以看熱鬧的多，不過投票率越來越低，還是有人在消極的抵制。還好最近總統出令，儘量要選舉時間併在一起，免得勞民傷神，看來是一個德政。

有的專家學者也直指立法委員與總統的的任期不一，造成新舊政見的分歧，影響層面是我們這些小百姓難以想像的。而直接受影響的也是我們這些在選舉期間比較覺得有點被重視的小百姓們，一時的不慎得受苦好幾年，也可能連累子孫後代。

因為一個政策的錯誤可能花個數十年才看到錯誤，事過變遷，當初令人興奮的事，毫不留情的成了幻覺破滅的殘局。初學乍練的民主政策，每一個熱情的「是」期待著每一個相等的任性的某事，那些在某部份是目前狀態中的另一邊，這一邊在喧嘩起哄，另一邊不熱鬧，不鼓勵，就是不支持。不喜歡有人矯揉造作，表面虛偽，有如政客。可是另外一面又可發揮支持的作用。在某種層面，政治不只是名詞還可以當形容詞來用，對人情世故的峰迴路轉，相當的傳神。

◆西藏脈動身體器官脾臟的能量屬性，可以描述正面的熱情，靜心品質，有深度說服力和負面的狂熱預期，過度興奮，蓄意破壞及誇張的。

脾臟能量的發展從小就得到訓練，為了你自己的好，必須學習好，我們創出了看起來像神的人來監視我們，如果我們是好的，祂使我們願望成真。我們學習為了有機會到極樂世界，就必須對別人好。

突然間我們必須要覺察到那個模糊的印象，那個我們需要溝通的，那個人們對我們模糊印象中，表達自己的我們，我們學習去做面具，我們創造自我的想像，為了別人對我們可能的印象或是創出對別人有益的我們，全然成為別人的題材。當我們把能量放在一起，去創造我們的想像，我們必須去否定一些我們自己的觀點，去成為一切事情強勢的一面，而否定自己敏感的另一面。

一位朋友玲瓏八面，長袖善舞，高官達貴，走夫販卒，他都有交情，請他幫忙，事情到他手上就變得很簡單似的，大家對他服服貼貼。跟他在一起有個好處，走到那吃到那，碗筷放下，嘴角擦擦就可走人，沒人會擋你，要你付錢。看他每天無所是事，這邊晃晃那邊逛逛，好不悠哉，不過突然也會好幾天不見蹤影，想是又去幫人家打點難題。

只有一次出乎預料的、他明知故犯陷入了人家的家庭糾紛裡。可能別人的丈夫拿他沒辦法，只好採取盯梢術，這樣一來局勢一轉，他初次陷入僵局，陷入感情莫名的漩渦，失去往日悠哉的模樣。有人關心的問他怎麼回事？他以苦笑回答，大家更是好奇女主角是何方神聖，可以讓這號響叮噹的人物，變得如此困窘。

事件拖了很久，大家的傳言越來越誇張，認為對方學了甚麼幻術，可以把他迷惑而予取予求，女主角千呼萬喚始出來，猶抱琵琶半遮面。這下子惹得大家興奮得好曖昧。有人說她好美喲，有人說普通，有人說實在不怎麼樣，有人說好醜，那聽男主角怎麼說，首先他要求大家先不要笑，當他在形容的時候，聽完了大家想五四三那就不關他的事，不過希望朋友們寬大為懷，感情的事，自己碰到了才知道輸贏。

他說：第一次看到她，我的小弟弟就嗯嗯呀呀，開始要撐起來，我尷尬的說不出話來，她輕輕瞄了一下我的褲襠，我的臉紅得不知要往那裡擺，她開口說先生請坐，我的心乒乒乓乓，興奮得快從嘴巴跳出來，我的舌頭打結，一句好都講不好，不要笑！我還希望你們人生都有至少一次這樣的經歷。實在太奇妙了，我連她五官長得甚麼樣子都不清楚，只知道有一種熟悉的親密的，不自覺的興奮起來的感覺，每天都想去接近她，害得她們夫妻吵架，可是我是如此的情不自禁，簡直叫悽慘。如果是別人，大概跟你們一樣拿來當做笑柄。我不是沉迷不悟的人，這輩子絕對沒有想到自己會癡情到這種程度，現在是自己親身體驗，整個人輕飄飄的好似在雲霧裡，等到看到她先生盯梢，我才比較清醒一些。經過這件事我才發覺甚麼事我都能假裝，只有這一次、我假裝不了了。

西藏脈動工作在身體器官脾臟能量的平衡，給機會發現自己的悲慘，我們發現自己的覺醒，內在不再和外在協調，是某種特別的苦叫做幻覺破滅。

我們把錯誤的原因投射在外在認為是遇人不淑，認為是懷才不遇，認為是時不我予，或是無可奈何，我們受的苦，不管到那裡都是苦。靜心給我們機會發現我們的恐懼不是外在世界應付帳款帶來的影響。

所有的緊張來自內在的原因，受苦的原因，憤怒的形式，養大的憎恨，我們曲解的將理由怪罪在外在的環境，並且簡單的逃離用改變環境做為結論。如果我們真的想要改變環境，請轉化我們的神經系統，轉化源頭，那個一次可以貫穿的真理。

透過生物電能的脈動韻律，我們開始觀照去看到事情不再影響我們像以前一樣，能量還是能量，功能一樣在我們的環境裡運作著，一樣在我們的頭腦詮釋著。如果我們覺得悲慘的，不關任何人或任何事，是我們的能量通過神經系統所做出的詮釋；如果我們是快樂的，是因為我們的神經系統沒有短路，如果我們還是覺得悲慘的，那真的是要多加把勁了。

這是一個非常精確的訊息，來自老子存在的時代，一樣曾經來自所有偉大的佛的訊息，現在法輪替轉，另一個可能性被喚醒，隨著新時代的來臨，一個新的可能性的人類記憶昇起。

那是一個雙重生命，我們的生命藉著身體而存在，而我們的個性也是藉某些方式去存在。

從青春期到最後一刻曾經用的那個方式，曾經非常主動的，曾經非常接受性的，曾經非常被贊賞的，曾經非常固執的，通常有些不安全感的，享受一些狂野和瘋狂的，所有這些個性的觀點是如此的簡單而理所當然的存在著。可是也有一些個性特徵沒有方式可存在，那個抗拒神經系統有自動回應而被壓抑的那一部分，往前再往前壓的，壓到黑暗裡去的那一部分，越來越難達成真正的我們，直到那一部分開始造成我們的問題。

現在我們有了新的工作，我們能透過脈動帶我們到那個曾經被我們認為的個性所抗拒的那一個部分，現在有了可能去帶出那個我們從未允許進入存在的部分，跟著這個改變，奇妙的事情開始發生。

當生物電能自然而流暢的運作在身體，不只是修復傷痕，而且打開每一個曾經被壓抑的連結，打開肉體被這個連結所服務的地方，透過內在神經系統通過二十四節脊椎的操作，身體恢復轉化而再造。自我的謊言創造了死亡，而脈動的真實打開了全然的新生活，一個生命全然的新生，一個只為你的新生命。

二、胃的能量運作及劇情的演出〈友誼〉

在台灣老老少少沒去過自助餐的應該極為少數。自助餐文化已經佔據了大多數的飲食市場，進到餐廳內聞到的，看到的，一道道都是廚師的傑作，肚腸的纔蟲馬上活躍起來。既然進來，心理上就是抱著大快朵頤，不吃飽不罷休的準備。誰叫那個聰明人，為這些自助餐加上一句致命吸引力的口號，「吃到飽」。一次買單價好幾百，不吃個物超所質，怎麼對得起自己的荷包呢？拿了一盤又一盤，吃到眼前一片狼藉，有的人滿足的捧著腹打幾個嗝，有的人開始皺眉頭，覺得胃撐得難過了，有的甚至到洗手間去吐。

這種強制性的飲食習慣，在這種高價吃到飽的餐廳裡，最容易看到。一方面菜色誘人，一方面又不可能天天來，對於中等階級的人來說，偶而放縱口腹之慾，變成是安慰自己最快的方式之一。尤其是和親朋好友一起出動獵食，圍坐在餐桌，食物一口一口的送入嘴裡，同時恣意的批評著那一道菜好吃，那一道菜不好吃，真是美好時光呀！

當身體需要物質時，由胃發出訊號，警訊的觸動所製造的訊息，我們稱之為「需要」。胃給我們去取得支撐的感覺，獲得物質本質的生存需求。胃的工作透過一個小小的、懶懶的心的本能，它想去接觸，並且能有些時間去感覺。

透過頭腦的經驗，它會試著找到一些些的注意力，不能說是期待，但是可以說：我需要你看看我，我喜歡你看著我，好嗎？所以胃的能量在頭腦，尋找注意力，在丹田，獲得物質需求，在心飢渴時，只希望簡單的感覺和被感覺，我們渴望和親愛的人睡在一起，躺在被單裡，或者花前月下，浪漫的燭光晚餐。我們無法看到自己，因此希望看到那個可以看著我們的人，我們只是需要一些的注意力，不需要太嚴肅的去提起，讓我們就是這樣子囉！

◆西藏脈動身體器官胃的能量屬性，可以描述正面的同理心，體諒開通及忠貞不渝的和負面的強制脅迫，服從而投降及膚淺的。

一位朋友長得眉清目秀，身材圓墩墩的，個性溫和，非常的有同情心，常看他蹲在家門口路邊餵養一些流浪狗，不過也常被他的父親罵得狗血淋頭，為了避開父親的痛罵，只好把狗兒引到離家遠一點的地方去餵養。聽鄰居說他小學畢業前可是標準的小帥哥，高高瘦瘦的，嘴巴又甜，見到鄰居叔叔伯伯，阿姨嬸嬸的叫，又善良又乖巧。直到父母離婚，他跟著父親住，父親工作不穩定，常不在家，給他錢讓他在外面隨便吃。

因為寂寞加上害怕回家面對父親，又待在外面亂吃，沒多久人跟吹氣球的一樣，臉變得像大餅，身體胖了兩三圈，見了人頭都是低著的，讓熟人見了他都難以相信，母親不在的孩子變成另一個人似的，著實令人心疼。糟糕的是父親失意，藉酒澆愁，喝醉了就拿他出氣，甚麼難聽的話都罵得出來，根本不顧孩子脆弱的心靈，罵完了又隨便丟個錢，趕他出去，然後自己可以睡他的醉酒覺。

孩子委屈的出門只好買東西吃來安慰自己的悲傷。這樣的日子他一直過到現在，面對父親的粗暴，為了活在父親的價值觀裡，又不打準多久可以維持，胖代替了真實的自我表達，胖成了一種恥辱，取代他人生無法快樂的原因，根深柢固的相信事情絕不會有改變了。

有一天，有一位陌生人遇見他，很友善而和藹的跟他聊天，告訴他這世界需要很多的好人，而且當好人會得好報，不當好人是會被處罰的。他問甚麼是處罰？陌生人舉了些例子，後來以訓練狗為例，狗聽話你給牠吃，狗不聽話就不給牠吃，這就是處罰。不過他搖搖頭說：不對！我給流浪狗吃東西，牠們聽我的話，我不給牠們吃，牠們就不聽我的話，有的狗很乖，有的狗很調皮，跟處罰沒有關係。陌生人大概撐不下去了，悻悻然的走開，留下一臉無辜的他。

生活是非常容易進入社會制度的陷阱，相信這個，是因為有人這麼說，相信那個，是因為有人那麼說，不管怎樣的讓我們有多奇怪的感覺，社會的機制性就是在那裡，工作機會就是在那裡，商業化就是在那裡，教堂就是在那裡，廟宇就是在那裡，然而我們如何去看到完整的真理，我們如何能創出多面的觀察力，來幫助我們能去看到事情的另一層面或是周圍的角落。可以的，當我們有了朋友們的時候，朋友們可以分享事情的發生，正因為有了朋友們，我們變成多面性的，可以有很多的迴響來自四面八方，可以透視事情的真相，我們需要朋友能讓我們的工作結合，完成存活所需的實踐。這是我們基本的需求，工作賺錢，取得生活所需。我們也需要朋友們愛的感覺，給我們有潛力去看到所有外在社會環境的觀點，相對的給我們可能性去看到內在的我們。外在的一切，沒有朋友是做不到的。

內外二元性的意識連繫在禪境裡，有如月亮的比喻，對月亮光明面的説法，好似自我感受的行動原則。黑暗面如同裡面另一面的自己，亮是外在所促使，黑暗呈現未表達的一面，形影相隨。月亮是地球的伙伴，牽引地球水的流動，創造出微妙的，深濃的潮汐，一種地球情緒的活動。

如此的我們在社會鍛鍊我們的情感，狗是非常專業於社會的，狗是為社會而生的，反之狼是抗拒社會的，狼是一個孤獨者，而我們的社會意識正有這兩極化的包容性。

我們瞭解生與死，簡單的正如我們生命中每天的白天和晚上，而且運作得正如生活中的白天和晚上，人類意識的發展，透過白天裡實行的，和帶著瞭解進入當黑暗時可以休息的時間裡。

在休息的時間，夢顯示出在白天的組合，製造出調整性，是所有我們創出來保護我們自己的情景以便合理化。在夢中，而我們在內在則不需要再去創造保護的需要。

在白天是很頭腦的，在晚上是很心的，白天是由太陽主導，晚上是由月亮引導。晚上的意識，月亮給我們足夠的亮前進，不需要維持外在的緊張。假如我們認為我們活著需要外在像白天的光亮，我們則錯失了接受性的，我們錯失了內在的富有，休閒的享受，和所有不再是膚淺表面的歡喜，純粹的歡喜。

西藏脈動工作在身體器官胃的能量平衡，每一個個體代表著每一個更高層的形態。在西藏的傳承裡有兩個字標示最終的意識形態，一個是類似西方所說的God，如同卓越的最初的意識創造；另一個字是同樣意義於全人類種族，說明一個人好似一滴水，整個人類像是海洋，整體人類集體意識的覺醒與所謂的God是同個層次。

每一個我們代表著一個巨大的可能性，我們的覺醒正如佛覺醒的剎那。只是他看著四周說：好多的佛呀！可是這麼多的佛卻還是睡著的。所以當我們所有的人都覺醒了，最終的意識存在的可能性來臨了，我們必須選擇停著或是前進，現在是時候決定，因為等候的時代已經過去了，朋友們！讓我們一起加油吧！

三、舌頭的能量運作及劇情的演出〈真理〉

流行市場的趨勢都有一個特點，就是反反覆覆，變化無窮，任何產品的廣告都可以掛上流行兩個字，即使復古也是流行。可是要趕上流行就得準備隨時被擠出陣，君不見流行市場可是萬頭鑽動，用盡絕招，期待揚名立萬。既然是流行，舞台上扭動的傢伙是見不得太久同樣的老面孔，否則勞駕大家轉頭，另外尋找其他的吸引力就很難拉回頭了。

所以流行業者絞盡腦汁，出陳佈新，極盡誇張，以求抓住大眾的胃口。想要符合人性中慾望往外投射的需求，說起來對虛浮煩躁現代人的心情還有些安撫作用呢！

媒體大肆報導韓國男演員蒞臨台灣，有多少的影迷為之瘋狂，因為韓劇的流行，這位男演員被稱為師奶殺手，真是奇怪的名稱。有的影迷顯出非常崇拜的神情，看起來比演員更引人注目，而且這些影迷看起來很眼熟，注意一下！好像有演員做宣傳的場面就有同樣的這些影迷們。原來盲目崇拜也是一種流行。

另外一種新流行，是到韓國去整容，大概搶了太多生意，台灣的醫生也擠破頭到韓國要報名上整型課，而且動輒額滿，一位難求。聽朋友說，一位年輕的整型醫生的診所月收入九百萬，意氣風發的說：誰說台灣經濟不景氣？想必很多的人對自己不滿意，想要靠整型讓自己完美。外在的改變真的可以讓自己完美嗎？還是只是受了社會流行資訊催眠了呢？

你是誰？回答之前建議你只能說出真實的，肯定你會的，假如你知道那是真的或是那兒是真的。曾經問過嗎？我們通常問這是甚麼？但是從未考慮過也許那裡才是真的。

你是活生生的，一定有甚麼事，甚麼東西是真的在那跟著你。遺傳學的核心就是我們所知的真理，從未變動，簡易的由自己延伸，分開和複製完美的自己，讓身體繼續完美的成長。全然的完美為了自己存在的完成，這才是我們該稱之為完美的，保持真實的。

◆西藏脈動身體器官舌頭的能量屬性，可以描述正面的真理，完美，自我信賴，心胸開過闊的自由主義者和負面的乖僻倔強，詆毀，貪婪自欺，高傲不遜。

一位朋友任職一家高級的百貨公司，身為經理人的她，著裝打扮絕對不會讓人懷疑她的專業，尤其她的談吐，更是令人折服。想想看，一家大型百貨公司，上上下下，前前後後有多少的專櫃和廠商，有多少的服務人員，可觀的是每天吸引而來的顧客百態，她甘之如飴無損無缺，始終是值得稱讚的好榜樣，讓公司每天營運在完善的軌道上達十年之久。

最近公司的小開從國外回來並且到公司上班，老闆請她特別為小開指導，期望小開能即早上手公司的業務。兩人為了公事相處的時間足以引起讓大多數的人議論紛紛，別人是男才女貌，他們是男的有才有貌，女的也是有才有貌。不要說別人的議論，連他們暗自也覺得彼此是最速配的一對。只是誰也不想先臣服，每次到了重要的一刻，就緊急剎車，尷尬的顧左右而言他。

男人考慮他的身份背景，女的考慮她應有的矜持。日子一天天的過，面對難以按奈的情愫，男人決定轉移目標，以便舒緩自己內在對女性的慾望。一旦觸動了這個慾望卻變得一發不可收拾。

百貨公司內漂亮的美眉，幾乎都領教了英俊小開溫柔體貼的男性魅力，自動投懷送抱的一個接一個，看在她的眼裡，硬是把自己內心的感覺藏在臉後，一張越來越冷漠的臉及不得不裝出來高傲不遜的姿態，說明這就是她放棄這個男人的原因。

這種恐懼於被信任的談論自己最深的想法和感覺，她相信事情進行得不夠好，內在的價值觀不值得被接受，從未真正的實踐自己的想法，念頭昇起即被別的念頭屈服，為的可以維持扮演自己專業的角色。

真實不是一件簡單可透過言語的事，真理不是個人去做甚麼，或是為誰做，或是如何做，它是來自於內在。你的真實是來自於你身體的每一個細胞，當你說出你全然的真實，你可以感覺你身體的每一個細胞，你可以感受這種感覺，你可以聽到聲音，聽到每一個細胞在唱歌的聲音，嚐到全然真實的滋味，因為它來自於你的全部。

感覺是透過覺知而不是透過壓抑。假如你發現自己被看起來不是對的男人或女人吸引，譬如那個人對你來說太老、太年輕、太窮、太醜、太矮、太笨⋯⋯。例如一個老男人看看四周，不自覺的被年輕女孩子吸引，或者老女人不自覺的被比自己孩子還年輕的年輕人吸引，這是不需要壓抑的。

當你肯再注意一下，你會發現你的心對年輕還有著渴望；當你肯再注意一下，你會發現在你過去情感的歷史裡，有一個關係還存在著，一個不得不隱藏在內心深處的感覺。當你不再年少輕狂，你遇到那幾乎是一樣讓你有興趣的那一位，假如你壓抑，則從未有蛻變的可能。但是要透過覺知來表達，你帶著你的覺知，突然的又是另一個令你心儀的對象出現。

沒有錯的，允許愛的來臨。剎那間這種能量的流動，讓你看出關係來，現在你領悟了，曾經壓下去的，開始移動上來變成可轉運的燃料，加速的瞭解自己對整個慾望的衝動，鎖鏈溶解了，變成了禮物，曾經有過的負荷變成了更高的歡喜。

對慾望的來臨，千萬不要壓抑，千萬不用掙扎，愛隨著覺知，允許蛻變的火燄在內在昇起，寧捨拒絕而取接受，寧捨分裂而取啜飲，在單純的覺知裡，蛻變發生了。

西藏脈動工作在身體器官舌頭能量的平衡，瞭解那些經過自我毀滅及在人生做出很多錯誤的人，那些作弄自己，大量幻覺和強烈夢想的人，則越多的智慧為之所用。你越受苦於恐懼越有利於勇氣，有潛力全然的站出來。越多負面的經驗越為你的蛻變有利使用。

假如你想到以前的事是那麼的恐怖，讓現在的你覺得氣憤，那不是過去式，那還是跟著你，而那個恐怖的事件卻是永遠的過去，你永遠不會在外在再接觸到，因為我們的生命是內在的。

如內在的神經系統存在著負電充斥，每次用到通路你就觸動到，進入身體再創造你生活的感受，能量是代替性的回收，有些不是正在發生的事，用來去再充電及建立再次覺得負面的經驗。

清除這些經驗非常簡單，就是去跑一次生物電能的電氣迴路，通過神經系統的特區來中和那個經驗。自我喜歡抓住那個經驗，想去憤慨的，想去發怒那已經不再發生的事，因為這些可讓自我強壯些，不幸的卻讓你的身體衰，製造出所謂的「老年人」。

「老」是我們的恐懼所製造出來的恐懼，越是恐懼就越被恐懼擺佈。君不見再貴的美容保養品都有人買，只要加上抗老化，銷售量就提昇，還好有人看不過去，拆穿了昂貴保養品的謊言。

不過人們不關心年齡是可以活在不恐懼歲月漸漸減少的日子裡、還是會被廣告騙著走。每天活在跟你過了時的慾望，你就更老了些，每一件過去的事，你無法獲得或得到你不想要的，每一次你都能清除，每一次你就更年輕些，沒有恐懼，這就是智慧的模樣，意會寧靜，智慧始末於寧靜。

四、喉嚨能量的運作及劇情的演出〈品格〉

平常安靜的巷子裡，到了休假日的時候可一點也不安靜了，歌聲此起彼落，鄰居們扯開喉嚨一首首的接著唱，唱得好用勁，真不好意思嫌人家吵，業務界所謂無牆壁精神，是否是被這種零隔音的住宅環境所勾起的靈感，做業務要無所阻礙，但是希望不要變成對待鄰居穿牆入耳的噪音一樣。別人不知如何是好，只能持以消極的態度。

尤其台灣人講究人情味，背後也許輕蔑別人沒水準，可是見了面甚麼不高興的事又都不好意思説。遇上了哈拉幾句，要嘛就加入唱局，否則只能學習自閉了。

聽説台灣號稱KTV王國，到處都可以證實這個説法，除了專業KTV的連鎖店，餐廳飯店、休閒渡假村、住家、里鄰辦公室，甚至路邊廟宇，教會都可以看到點唱機的蹤影，每個人都可以嚐嚐高歌一曲的滋味，這應該有相當撫慰人心的效果。

有些人平常話都講不好，唱起歌來卻是三日繞樑級的，有些人平常伶牙利齒，一開唱就砸鍋了，老天真是好公平呀！

無論聲音怎麼出來，空氣怎麼進去，具有多種優雅風格的喉嚨，讓我們感受常有種被吞下去而消失的感覺。常有些事情是被説，卻似乎來自於空無的，或者來自於空無的聲音被送出和著回應的來臨，由喉嚨出現而出去的或是出現在喉嚨裡的，接著就消失了。

當我們看到有些東西是我們想要的，我們放在嘴裡，聲音由口中碰到嘴巴，直到吞下去為止，在我們的感覺是非常實質的。處於與環境相處，那是我們與外在關係的第一步驟。為此我們主要的概念，是誰在喉嚨內相應合的？原來是我們的生存系統，是非常根植的自我中心在那兒，這經驗被叫出和回應一個概念的發生，這種對自己的感覺，不是別的，正是我們的喉嚨。那沒有別的自己，只有自己覺得是真的的自己。

◆西藏脈動身體器官喉嚨能量的屬性，可以描述正面的真實性，主張證實，辨別力強，善於鼓勵宣傳及負面的懷疑，消極反對，欺騙，優柔寡斷。

一位朋友任職一家家族企業，多年的努力及做事堅決的態度，行事擇善固執，忠誠於最後決策比他高權威的人，使他在這龐大的企業體裡，成為一個舉足輕重的人物。從一個鄉下孩子到今天這個地位，一心一意由基層往上爬的心路歷程，他的日子活在獻身工作的服務精神裡。他知道卑微屈膝的事，也知道如何踩踏卑微往上撐。

但是終究來到了一個轉折點，醫生告訴他的身體狀況已經不容許過度的擠壓，生命的汁液只足夠維持低於一般標準的運作，也就是說，目前的工作遠超過他心力能夠擔負的程度。醫生嚴重的警告他，命只有一條，如果不立即放掉工作上沉重的負擔，妻子成為寡婦的日子可能不遠了。面對生命如此重大的取捨，一向輕蔑別人優柔寡斷的他，發現自己完全變個人似的，即使小事情就猶豫不決，連講起話來也不時嚴重的口吃起來，尤其面對高權威的人，三番兩次就是講不出內心的疑慮，心裡懊惱極了。最後只好以書面說明的方式提出聲明，看看公司採取甚麼樣的看法。公司很快的也以書面回答他，既然身體不適合擔待工作上的負擔，公司准予辭職，因為其年資未滿退休年限，離職時僅有部分慰問金可領取。

當他看到這份回函，心裡憤慨極了，可是又不知如何是好，原以為自己這麼認真的為企業體付出，為公司立下不少汗馬功勞，幾位決策者也相當的賞識他，就算自己不得已要半路退出，公司應該特別優渥對待他才對。可是以他在公司長久以來對公司體制的瞭解，及家族企業隨決策者的個性而定的遊戲規則，他個人根本無力予以反擊，覺得悲痛極了。回想以往對類似自己目前這種困境的同事，當時高高在上的他，同樣施以相同的回覆，如今總算瞭解他們的心情了。悲痛來自於對自己的感受，那是感覺到對自己覺得抱歉，抱歉我們不能拿到似乎是我們想要的，我們感覺抱歉，當我們沒有我們所想要的，並且不能得到。

這是來自於早期童年時，我們發展自己的感覺，所有我們五種感官執著於感覺自己的感覺，延伸進入到個性的形成。而個性的中心則在喉嚨的周圍，開始去發展一個表達的功能，學習表達自己所經驗的。所有的感官貢獻我們感覺的發展，並且和諧的有能力做表達，也許我們不能老是得到我們所想要的，但是只要肯表達，我們總是可以得到我們所需要的。我們試圖去與其他人逐漸合而為一，尋找最好的途徑去做，而不是膚淺的，而是對我們有意義的，換句話說，那必須是真的，但是去做時，我們必須看出其他人也是真實的。但是每個人幾乎是虛假的，每個人說出的是自我希望被對待的方式，臉上反映的是告訴別人自己如何給出來的印象。所有的質感都會反應在臉上，每個人都有面具在臉上並且創出調和緊張的音調，每個人幾乎是彼此虛假的，是不是很驚訝？猜猜看！自己也是嗎？我們該如何平等的相遇，也就是我們如何與真實交往。不是透過尋找別人的虛假而是接受別人的真實，每個人會製造出謊言，我們說的也是謊言，所以不要去尋找謊言而是成為接受性的接受真實，並且平等的回應，這就是真的！

西藏脈動工作在身體器官喉嚨能量的平衡，體會靜心的利益來自兩方面，一是走入內在的深度的寧靜，一是超然的，接受的由內往外，彼此都是相等的重要，因為接受的，超然的，是來自騷動不安的每件事讓它發生，幫助靜心移向更深些。每當負面的影響來自外在的情境，這顯現一個執著的層面，執著於表面而被激怒而嘗試逃避。靜心不是逃避而是一道門。我們來到了一個點，那個甚麼事說都不再相信的，那個任何事聽了都不理會的。突然的我們放鬆了，不再嘗試表達，不再嘗試瞭解，去聽任何一個字，一個片刻，突然的聽到了字的聲音的發生，而這聲音來自於我們的內在。突然的真正的瞭解醒過來，是誰在嘗試溝通？在其中不是被說出的字，是神經系統一個協調的昇起，那一個提醒我們的同時，那正在聽而不是用耳朵的開始，聽到的不是用說的，而是開始溝通心中的瞭解。

Dheeraj說：邏輯是屬於商人的，懷疑是屬於科學家的，真理是屬於愛人的，當我們能夠信任的聽，活力來到了我們的生活，與人們交往不再是一個負擔，是一個珍貴的經驗。有一個學習直接由心表達的方式叫做西藏脈動，學習給Session保持頭腦出席，讓頭腦出席在Session的過程，在過程中聽到了內在的回應，同伴正在接受給者傾瀉而出的愛，我們學習如何去接觸我們所愛的，在這片刻接受全然的信任，即時運作，感受珍貴的能量波流，是由朋友的身體通過接受者的身體。甚麼叫做愛？由這個古老的科學藝術成為可能的練習機會，練習進入這世界上所有延伸的關係中，可以給而無須被知，可以受而無須被質疑，一個小小的癢在心頭，微笑躲在手指頭，知而不說，不須說，直到似乎被覺察，秘密投射在彼此的眼中，直接的愛這麼的真實，其他的東西就只是東西罷了。

西藏脈動黃波工作在身體四個器官的能量屬性的運作，是西藏脈動修持技巧中：形、式、本、能、知、覺、的「式」，意在個人內在的特質，施予外界的需求及成就的實現；「脾臟」代表需要是為了靈感，希望是為了更多的投入；「胃」代表需要是為了友誼，希望是為了更多的安慰；「舌頭」代表需要是為了真理和完美，希望是為了較多的；「喉嚨」代表需要為了成為我們本有的特質，希望是為了成為更優越的。黃波也代表了我們意識層面的敏感度，神經系統傳遞功能的精密，訊息融會貫通的奧妙，高敏感度的意識發展是必然的輔佐，至於在身體層面負面經驗能量的舒緩，也有立竿見影的功效。大概說明了身體的敏感度肩負著能量平衡的回饋機制，身體舒適，精神愉快，提昇靈性的功夫只需臨門一腳了。

第十章

大腦的講義

生物電能四種電流的描述

太極生兩儀，兩儀生四象，
四象生八卦，從此萬物滋生。
所謂的兩儀，就是陰陽電能。

為什麼我們能吃、能動、能思想、能創作？以西藏脈動的說法，因為人體天生具備了生物電能。身體因為生物電能的流動，各個器官組織才能發生作用。

談到生物電能，我們可以藉由易經的描述：太極生兩儀，兩儀生四象，四象生八卦，從此萬物滋生。所謂的兩儀，就是陰陽電能，也就是西藏脈動所專注如何平衡身體的陰陽電，而達到身、心、靈與宇宙和諧的技巧。

身體的生物電能流經脊椎的整體性，我們稱為交流電，代號（十）。
發至大腦的為靜電，代號（△）。
由心主向的稱為磁電，代號（○）。
丹田的稱為直流電，代號（□）。
所以我們在做解釋時，段落前

◆加註（十），為一致性的特徵。

◆加註（△），為思想性的特徵。
◆加註（○），為情緒性的特徵。
◆加註（□），為行為性的特徵。

藉此我們可以容易的看出，人們傳達出來的訊息是什麼。行為表態都是來自潛意識錯綜複雜的演變而成。我們習慣說某人的頭腦好，所以書讀得好，事業做的好，某人的頭腦差，所以處處不如人。真的是這樣嗎？到底怎麼回事？

在西藏脈動的傳承，大腦（Brain）有它特有的屬性和功能。我們全身佈滿了神經系統，正如發揮精確聯絡功能的網路，大腦即負責利用神經系統，操作肌肉組織及身體各個部門器官發動任務。當流經大腦的生物電能是流暢的，所展露的個人品質是正直的、謙虛的、世故的、肚量大的、負責的、成熟的；而滯留大腦的負電過剩，嚴重的就是俗稱的精神病，顯現的人格是狂妄的、自大的、挫折的、不安的、自私的、好戰的、強求的。

（十）每一個人的自我都有兩個身份。出自本能的運作，我們的身體，一個是清醒的自我，它有名有姓有所屬；一個是沉睡的自我，它是個無名氏，卻操作我們的夢。當這兩個身份彼此混淆，即使我們生活在清醒的現實裡，潛意識卻選擇沉浸在睡夢裡，這樣子的情形，稱為精神病。

大腦很像二元性的電腦。當我們行為指令錯誤以致經驗到痛苦時，大腦馬上記錄，制立兩極化的標準，對或錯，好或壞，直接由眼、耳、鼻、舌、身的知覺轉譯成電擊記憶起來。而且往往是過度充電，形成超載，也就是一般人覺得頭腦忙碌無法平靜的原因，因為大腦只知道行使任務而沒有感情，可是卻知道恐懼。

比如小baby，大腦發育未完成，沒有接受到好與壞、對與錯的觀念，相對的沒有恐懼心。而當大腦的功能完成時，即因有好壞、對錯之分而知道恐懼，因為害怕恐懼而必須武裝自己，就像穿戴笨重盔甲的戰士，必須仰賴馬匹做腳力而爭戰，而沒有獨立行動的能力。

想想看，政府機關的作用不也像大腦一般，制立一堆又一堆的法規，保護其權利的行使，但是一旦沒有人民的擁護，即完全失去作用，所以說誰才是主人呢？當情緒受到驚嚇或阻礙時，生物電能被擠迫滯留過多的負電在大腦的神經系統，可以由主人的眼球晶體上留下記號。我們提醒朋友們，千萬不要輕易的打罵小孩，或恐嚇他們柔軟的心靈，對他們造成的影響，往往出乎我們的想像。

在西藏脈動特有的診斷方式，於右眼（代表積極面）十點鐘的位置，於左眼（代表接受面）二點鐘的位置記錄大腦生物電能的屬性，由不同的記號讀出主人過去的身心經驗。眼球上記號的顯現、形狀、位置不一，意義不等，大致上我們藉由無批評性的瞭解，利用接受者與給予者的心脈跳動連結合一，形成生物電能的再循環，重新燃起能量的運作，清除不必要的負電。

以瞳孔為中心至眼球外周等分為四，靠近瞳孔有記號的人，容易混淆現實與夢想之間的認知，因為混淆認知，大腦的正極電很快的轉成負極電，導致情感的波動，也反應成負面的表達。心臟的跳動變成不順暢，整個人覺得快窒息了般。如果當時剛巧有人強勢的要引起你的注意力，你不得不應付時，你的神經系統馬上進入防禦狀態中，大腦將紀錄這種連鎖反應，並且一再的重複經驗，形成潛意識強烈的防衛性格。

大腦必須接受丹田發送出來的震動，轉譯訊息而啓動開關系統，與反應其必須要的行為動作。所以當大腦充斥負電時，所有的訊息也被複製成負面的想法。不管你計畫做什麼，即便是你平常已經非常熟悉的肢體行為，剎那間被限制在負面的想法上，心情恐懼下，事情變成複雜的幾乎不可能去完成，這種情形，很多人都有經驗過。

潛意識強烈防衛性人格，反而容易反守為攻，籌劃積極以征服困難為己任。他想成為唯一可以掌握全局的人，夢想成為國王一樣，任何他所做的事，大家必須同意他，因為他是主控者、征服者，他將克服任何的難題。他喜歡有難題，即使沒有，他也會想辦法創造出十個八個來，以便有機會證實他可以征服困難。

也許你可以看到身邊四周確實有這樣子的人存在，且慢去批評，說不定我們就是其中的一位，只是狂妄自大的程度或輕或重而已。當負電充斥過多時，我們無法認清何謂佛家所說的如來本性，以為我們在社會上求生存必須要如此，但是隨之而來的卻是一而再、再而三的挫折。現實與夢想無可避免的的衝突，一但防衛性瓦解，就成為所謂的精神病患。

（△）離瞳孔第二個四分之一位置上有記號的人，大腦所經歷到傷害的情形，正如肉體負傷一樣，如果身體受了傷，動作將被影響而必須遲緩下來，大腦有傷，特徵也是反應顯得遲鈍。

大腦的傷痕像個口袋般，裝滿了恐懼，任何的思想通過這裡，很快地被充斥著負電。相同的道理，受傷的肌肉組織，如同冷凍過般的僵硬，肌肉想要再動作時，回饋的呼聲是難忍痛處的感覺，想當然爾，一再要牽動這樣子的憂慮，整個人勢必越來越不安了。

相對的，在情感面的衝動，回應的功能，某部份也被影響而成為是中斷的。因此在親密關係的建立相當不平衡，導致無法接納彼此，久而久之，親密關係的來往事隱瞞情緒，不願意溝通，寧願虛偽而不願多說話，或採取不合作的態度，阻撓親密關係的發展。自我卻相信這樣的情形，自己是被犧牲的一方，因此強制自己在情感不要有所反應，而變得冷酷無情。

生理上的傷害，直接影響到肌肉組織，會引起不尋常的負面主動性電流的衝擊，大腦無法忍受過度的刺激，會自動的關閉與被傷害部份的感覺交流，而阻撓這個區域的意識完整。因此這個區域，因為這種內在的殘缺，致使所具有的反應動作變得無力感。

肌肉萎縮症的朋友，我們可以看到他們內心深處的悲哀與無奈。這樣子的人格組織，形成喜歡與人爭論，他會創造出千百個辯論的理由，只為了有機會把對方打敗，或可以有機會顯得比對方更聰明。任何時候他可以介入任何事情的爭端，而且他可以爭論到最後一分鐘。事實上他不需要任何個案，他要表現的是他是事件的真正的參與者，他不在乎真理與否、是非黑白，他的心無法感受到別人的感覺，他所專注的就是如何爭論到底。

你是否有遇上這種人的經驗？剛開始也許你會覺得愕然，或者很快的介入他的遊戲，或者你會覺得莫名其妙，對於比較有覺知的人，當然是儘快的離開現場了。對於本身也有這種傾向的人，難免就是一場混戰了。

（○）當記號停留在離瞳孔第三個四分之一處的人，有種獨特性的危險會發生，尤其是被大眾崇拜的對象，四周圍繞著唯唯是從、沒有主見的人。傾向服從一個特定人物，因而醞釀特定人物反覆無常、突發奇想的個性，因緣際會的被拱至與現實隔離的祭壇上，強迫去實現個人的夢想。此時危險的存在，是必須要找到能滿足其需求的傳統大眾上的支持。

要達成這種需求，對自我是個非常大的任務，要執行需要非常專注在這個自欺欺人的夢想上。相對的，大腦也擔負這項特殊任務，一再充斥過量的負電，最後大腦長出腫瘤，就是涉及此危險性的警告了。

右腦的作用功能非常極化於「只進不出」，所有的動作訊號是「正在關閉中」，對身體各個部門發出的指令是嚴格的劃出危險警戒線，因此它的姿態是門禁森嚴。所以電流侷限在右腦，而大腦功能不平衡時，表現特徵是自艾自憐，顯得孤獨而淒涼。他會指著人群說：在那裡沒有人知道我所知道的，在那裡沒有人能感覺我所感覺的，在那裡沒有人可需求我所需求的。如此一說，所有自私自利的陰謀，就被他解釋成是正當的防衛措施，沒有人可以指責他。

感情性的勒索，在這個陳腔濫調的遊戲中，我們藉名一切為了「愛」而強求對方的參與，且要求的多付出的少。而被強求的一方，為了維持現實上的美滿，在表面上是答應了，但是很快的，這種表象脆弱的不堪一擊而崩潰了。往日的情懷不再多情多義，一方面算計誰付出的多，一方面卻對別人說：我一如初衷，未曾變心，但是，事實上已經是如此，我們可以想辦法改進的。

彷彿突然地必須做些事情為自己著想，但是事情卻已經僵化，即使我們習慣的行為模式操作起來都失敗了，此時不得不停下腳步重新調整學習。化學性的大腦傷害，引起憔悴感，原因常常來自於酒精、咖啡因、香煙等等。

不要小看這種化學性的反應作用，在我們的身體莫名的混合，往往是非常猛烈而有效的阻撓智力行為的交流，而且一而再、再而三的重複阻撓，像唱片跳針般，無法進行音樂的播放。上癮就是大腦的某區神經形成弱能，失去決斷力而無法跳脫殘害。綜合某些特色，他反而表現喜歡與人建立關係，他掛在嘴巴的是：我很喜歡你，我就是喜歡你這個樣子，我喜歡跟你來往，讓我們來談談如何可以建立更親密的關係。他可以無止休的談論關係的交往，他有無懈可擊的想法，令你相信是必須要如此做，對你的人生才有所交待，因為他喜歡你是他期待可以改變你對自己想法的人。

當我們碰上這樣子的人，剛開始也許會覺得有點窘迫，但事實上卻有點被搔到癢處般，一陣子你會想繼續聽他說，直到某個節骨眼你才恍然大悟，原來他只是想改變你的想法。

（□）在靠近眼球外周有記號的人，容易在來自天生有缺陷及身體天生衰弱的眼睛上看到。其人在發育期間的頂峰，叛逆的心情無以復加，爾後即使度過青春期，擺著滄桑面孔，依然執著著年少輕狂。

自己開口卻重複的叫別人閉嘴，是精神異常者共同的言語，因為他執著突顯他的迷幻空間，任何人靠近，很容易感受其負面靜電發射出來的微妙影響力，感覺陰冷而猥褻。

很多人都曾有過經驗，一時之間急於想移動，卻有人或物阻立於前時，不自覺的會發出如動物般原始的低吼聲，因為大腦會利用聲音去刺激肌肉組織行使額外的行為動作。精神異常者的姿態，就是利用這種方式，板著臉孔粗魯的發出低吼聲，像動物般而不自覺的停在備戰狀態中，出手動腳，想甩開四周的人們，即使別人只是無意中的經過而無辜遭殃。

這種妨害別人的行為，勢必要遭到禁止。但是精神異常者他完全不知道他為何會這樣子做？事情的發生原來是腦部功能失常時的一連串反射動作。

當失去決斷能力，無法分辨別人對你真正的需要是什麼，人際關係的演變就如儲存過多垃圾，空間顯得充滿了干擾及閉塞。在無法正常伸展情緒之下，言談舉止開始變得裝模作樣，繼之為自己畫圈圈，考慮如何能不去依賴別人或有情感上的回應，如此一來，很快的封閉自己，變成一個過氣人物般的被人們忘懷。

主導身體動作的電流，由丹田傳回大腦期間，流動被扭曲失真時，可以經由執行繁重而費盡的工作或運動裡，感受到這種牽強的感覺。

我們認為別人接受我們，是因為我們能夠把事情做好，所以我們必須努力做好，不管是否已超出身心的負荷，只想矇著頭往前衝。但是誰要繼續維持這種經驗，精神上就像攜帶個定時炸彈，等到生理狀況精疲力竭時，生命就到了算總帳的時候了。

症兆的發生重點在脊椎硬化，致使通到大腦的電流形成短路，回朔也造成脊椎沒有彈性，不易彎曲，每個脊椎骨的關係疲乏，整體循環系統功能不整。畫面是一個全身穿戴盔甲的戰士，揮劍策馬，奔馳向前，腦子理想的是唯有自己才能扭轉乾坤，任何事情他在乎的是做得對不對？為了想要做得對，所有的能量都集中在腦子裡，而失去了天賦的直覺力。

當我們的知覺專注在一些發揮本能的運動層次上，如球類運動、賽跑、跳遠等，拉開體能的競賽活動，主要身體動作的電流，自然的全赴集中意志力，所以要更進層次發揮直覺本能，唯有在競爭場合上能展現。

問題是我們的腦子會取代類似的刺激，一再的想有所較量，而且必須找題目來較量，證明可以凌駕直覺力，這種刺激性的興奮感如性衝動般，使我們一再的陷入而不願自拔。所以我們可以利用競爭的模式取得興奮感，但是我們的心卻消失了。

第十一章

實例與後記

心繫環保的重要性

好好的活在你的肉身，
古代道家說，身體每個器官住著一位神，
悄悄告訴你這是真的。

常有人問起，脈動朋友這麼親密，自己的能量是否會被別人吸走，是否會收到別人的負能量。也不知道這觀念從何而起，藉這裡解釋一下。

我們的肉體是靈魂意願的完整作品，每個的生命能量絕對足夠穩住整個的生命狀態。我們可以物理電學的觀點做些比擬，所有的物質是由原子組成，原子又是由電子、質子、中子組成的，而電子與質子的數量不一樣時就是帶電荷，電荷守恆是物理學的基礎，與能量守恆，動量守恆同等重要。而磁場是由運動中的電荷產生的，更重要的是電子會像陀螺般的自旋，自旋的電子創造了運動中的電荷，又會產生另一種磁場。所以電子們朝相同的方向自旋，就造成較強的磁場，是相對性的。換句話說、西藏脈動的團體邀請個體的加入，蘊釀較強的磁場，而磁場發生變化感應出電位差觸發電能，讓個體身體內部的自由電子持續溫柔的振動，進行個體能量轉換平衡所需。

這是最奇妙的片刻，團體因為有個體的參與，產生的能量足以滋養整個的團體中的每一個體，誰也不缺。而且有足夠的力量消化負電充斥，正負電平衡，能量的通道自然敞開，讓所有參與的人經驗深度的放鬆。

重要的是靜心品質是必須的。師父說：與自己連結就是靜心。脈動正好是無怨無悔的提醒著我們，伴隨靜心觀照人生七步曲轉移的過程，人與人在能量的連結中，鬆動自己內在的執著。一切的變化可能會出乎預料的快，快得讓人不得不訝異人生真的如夢幻泡影，亦電亦如斯。

課堂上，會儘量解釋人生七步曲與身體器官能量對應的種種情緒。理解能量的流動循環的軌跡，體諒自己正處在甚麼樣的過程裡，恍然生命能量一直是這樣的來來去去。

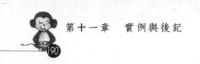

身處滾滾紅塵，苛責自己徒增悵惘，有的只能觀照，也自然的體會甚麼叫靜心，頭腦停止喋喋不休，停止批評自己，當然也就不會再投射去批評別人。

想到以前Dheeraj的教導，當時自己真的是有聽沒有懂，唯一的是信任他的引導，勤練技巧，直到某一點上，好像點點的星光突然一起亮了起來，心中的一塊田已經開始肥沃得可以長出任何想要的花兒，可是甚麼都不想種，只是滿足靈性的亮，讓自己看到早已擁有的一塊心田，就跟其他的每一個人是一樣的。

去年一位朋友送機票一張回印度普那表示她的謝意。她一向勤練西藏脈動，情緒起伏峰迴路轉，精彩也驚險。還好她守住自己最深處的渴望，即使是極端的混亂，還是保持一份信任的感覺。鼓勵她一起去奧修社區，她考慮後答應隨後十天就到。在普那幫她先打點好住處，讓她一來就可以有地方休息。她是半夜到普那，清晨就被急促的門鈴聲吵醒，原來她要求另外一位朋友趕快帶她來，因為舟車勞頓，一夜輾轉難眠，身體不舒服覺得快死了。

引她進門讓她躺平，檢查能量，看來第一次印度行，一路的髒亂打擾了她的心境。慢慢的幫她加壓在丹田及胃的脈點調整能量，很快地她安然入睡，到了傍晚醒來覺得神清氣爽，輕快訴說真是不可思議，兩個sessions就把她從地獄拉回來。真可惜居然沒有人知道有妳這一號治療師在這裡。

是的，十幾年前由Dheeraj親自帶領的西藏脈動治療學院在奧修社區是組織最嚴謹的一個學院。上完訓練課程，每天得勤練技巧，當團體助理兩三年，再當治療師助手，再經過三位團體Leader的測試，通過才可以成為治療師。

有人在網路上招生授課，自稱完成西藏脈動的訓練課程。對不起，西藏脈動從來沒有完成的說法，即使已經被認可了還是得持續的練習，否則自己都走不勤快，如何帶別人走？

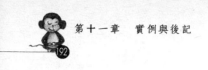

尤其是工作在潛意識裡，有相當的神秘性，這也是Dheeraj設門檻的原因。絕對不是參加了一兩個訓練課程，就可以給個案或是帶課程。想成為西藏脈動的治療師，意願先對自己用功外，還得花上結結實實三五年的功夫，半途而廢的人很多。

Dheeraj教授的題材又多又深奧，還好New Mind session做到一個程度，似乎就開竅了，就不覺得那麼難了。既然她這麼說，我就再舉幾個回台灣後給session的例子：

一位朋友的同事，患了帕金森氏症，利用藥物控制雙手的抖動好幾年了，答應給他十次的個案，並且請他把藥物減低到他自己覺得可以的程度，真的很贊同許醫師敢嗆聲，能不吃化學藥物最好不要吃。因為我看到長期吃藥的人，能量好像被綁住一樣，顯得無奈。

給他在迷走神經的脈點加壓，調整能量的流動，第六次個案後，他告知我三天沒有用藥，手也沒有抖動，他神采奕奕，朋友說這麼久來再次看到以前他英姿煥發的樣子，暗自稱奇。

繼續給完十次的個案，他的臉色紅潤，神色沉穩有自信，自己看了都覺得神奇，不過得意過後，很快知道神奇的力量來自無私的心隨著脈動的連結喚醒他自己的求生意志，他本來就是很有Power的人。爾後他問道能否再給他個案？建議最好學習技巧與朋友練習，西藏脈動不是用來治病，是能量的整療，是一種靜心技巧。

一位朋友的哥哥，才三十出頭，從初中開始就被列為精神不穩，需用藥物控制情緒的人。後來漸漸的用吃中藥調整體質，雖然對家人較沒有威脅性，可是個性還是強忍著惟恐一不小心就會爆發的感覺。

他先問願意給他個案嗎？回答說他能停止吃藥嗎？不過他害怕不吃藥會出亂子。所以先做讀眼的診斷，再給他一個喉嚨脈點的session。

過兩天朋友來電說他哥哥做完個案，馬上去找他最信任的中醫師把脈，中醫師說他長期陰沉的脈象消失了，幾乎沒有病症了。所以要她來請問可以繼續拿個案嗎？答應還是以十次個案為準。

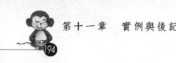

那段時間他給我很多很有趣的回饋，他不喜歡自己情緒難以控制的感覺，可是難以控制的感覺讓情緒更多更氾濫，不得已的就想用藥物壓制所有的感覺。

經過脈動的能量調整，他靦腆的說好久好久沒有這種平和的感覺，對自己開始覺得有些疼惜與甜美卻又有點不自在。告訴他我只能助一臂之力，指出可能性，其他的還是得靠自己走過。

靜心是唯一的路，可是卯上心理上情緒上的糾葛，大概路在那都看不到，所以Dheeraj常說他今生是乘願而來，希望西藏脈動的技巧傳諸於世，讓情緒上、心理上有困擾的人有機會解套。因為Osho師父的支持，他的心願得以完成。現在脈動的朋友們四散各地繼續他的工作傳承，Vidya是他生前認可唯一的台灣籍脈動資格師，在台灣繼續他的傳承，當然是當仁不讓了。

一位門徒朋友，她一直是生機飲食自然療法的擁護者。有次喉嚨痛了三個月，痛到後來連話都不能說。她自己用盡一切所能找到的自然療法，都幫不上忙。剛好Vidya由印度回來，她請媽媽打電話要求幫忙。

她來做個案也同時要去看一位有名的中醫師，見面先檢查她喉嚨的能量，確定喉嚨本身並沒有問題。她懷疑是喉嚨長繭，去醫院檢查，果然是沒有問題。而中醫師把脈後的說法跟Vidya說的也類似。

答應給七天的個案，先工作在脾臟的脈點及第一輪能量的釋放，看她能量的走向，再相互工作在肺及喉嚨的脈點。因為喉嚨與脾臟，肺在西藏脈動的技巧是同一組電氣循環。

第二天做完個案，她的臉變得通紅，第四天她開口講話，大聲得自己嚇一跳。

第七天告訴她的能量已順利運轉，往後請自行保養並教她特殊技巧與先生對做，重要的是留意自己情緒的變化，允許偶而雲生風起，吹皺一湖春水。

身體比擬一湖春水，風起有如情緒，雲生恰似能量的蘊釀，請允許自己的生命舞動自然的韻律，風花水月般能量來來去去，春水皺了又平了。觀照伺機而起的情緒，與其留來留去留成仇，何妨隨性撒野，那麼一下下傷不了人的。會傷的是被我們忽略而壓抑過度的能量，不得不找出洩洪的出口，那出口變成了傷口，呈現在身體上。脈動的連結藉由身體的提示，進入能量的層次，重新啓動，很快的能量恢復原來流動的軌跡，我們經驗了愛。愛就是治療的力量，很單純的。

一位朋友結巴的說，駕駛執照拿了好久就是不敢上路，尤其是高速公路。真是瞭解他的感覺，以前自己也一樣，上高速公路，手不自覺的就會把方向盤抓得緊緊的，看到大型卡車遠遠的從後面來或是從對面車道來，心跳加速，一股驚惶的感覺罩頭而來，好無助喲！每次要上高速公路，就先得對自己精神喊話。因為記得關公的笑話，他的赤兔馬趕不上現代的車速，不能求神明，要求自己。雖然每一次都是安全的下高速公路，可是精神的緊張好傷神。自從在印度上完脈動藍波回來台灣，發覺長久以來恐懼走夜路，恐懼會見到鬼，恐懼開車上高速公路會出意外的心情不見了，哇！這般自在的感覺是每個人的權利，不要喪失了。這也是一直繼續西藏脈動的原因之一。所以儘快的給他個案，工作在他副腎的脈點七天。果然不負所望，他在這個點上跟我的經驗一樣，從此他一直是在台灣最支持這份工作，最忠誠的脈動行者。

一位朋友頂著數學碩士的背景，浸淫在星相學的專業領域，頗具知名度。本著學無止境的心情，即使自己已被稱呼為老師，有機會還是不惜走訪各各宗派的名師，切磋琢磨增進視野。

有位舊識去找他，他發覺對方能量平順，沒有預計運勢應有的顛簸，十分好奇，詢問之下原來對方正勤練著西藏脈動。要求引見，驚訝的是我們十幾年前就見過面，當時他說在下會一直換男人。以前是有這種傾向，直到看到自己的習性，當下順勢一扭，再看八字大概就看不準了。

自己由一個不由自主跟著八字劃線走的人，到覺知線是自己劃的。停聽看，如是說個性創造命運，停！放鬆；聽！心聲；看！清楚；只要你有意願，個性是可以改變的。

以個人的經驗，見風轉舵一點也不難，要哭要笑，娛樂別人也娛樂自己。有人說做西藏脈動要做甚麼？是真的？要做甚麼？沒有目標，沒有承諾，又不能有神通，可以分身受到達官顯貴的崇拜。

講到這，忍不住要說，如果分身那麼了不起，我們應該要加強物理科學的教育，懂得原理後就不會如此盲從。看看星際大戰傳訊的方式，分身像是一種電磁重組投影的技巧，要是科學家看到有這麼多人崇拜分身視為奇蹟，大概是嗤之以鼻。或者像師父談到，如果大家都能充分發展心智體的話，那些施展奇蹟術的人，就會自然消失。

尤其是當政者信神通，不問蒼生問鬼神，即使是一個平凡女子，都覺得滑稽。師父說有人窮其一生學習飄身過河的法術，而常人花幾枚錢給船家一樣渡過河。

佛書記載，目連尊者神通第一，卻救不了自己的母親。所以說崇拜有人會分身會神通，當當娛樂還不錯，因為他能你也能，他只是早發展了些，否則你怎麼知道他在玩特異功能，他選擇譁眾取寵的招式，我們選擇平凡殷實的日子。如果這樣就讓你仆伏腳下，那更應該回家先跪拜自己的父母，生你養你很久不知道被你崇拜是甚麼滋味了呢！

要談這種社會異象還真談不完，先讓我們回到做西藏脈動做甚麼。神奇的是你的頭腦不知道我們在做甚麼，心全然瞭解。

親密和溫柔的營養有情有義，有一回你又被一些無名的相信，逼不得已僵立一角，突然波剝！尾椎輕擺像條魚一樣穿過了那往常的苦惱，不消多久技術越來越好，你的笑聲爽朗得如神仙出洞，遨遊虛空。

所以說工作在自己的身上要做甚麼只有你自己知道，知道那片刻渾然兩相忘的片刻，沒有過去也沒有未來，無所求無所得，當然也沒有甚麼會失去的。

這位朋友特地來台中嘗試一個個案，讀眼後看到懷疑的情緒記載，給予喉嚨電氣循環的脈點加把勁，以便調節能量，等他休息過後，一照面就要請吃飯，反應說個案的費用給來，就拿來請你吃飯，盡地主之誼。

在用餐時他說幾個月來一直懷疑自己，居然在股市賠了數百萬的事實，那種懊惱不已的感覺揮之不去，想要瀟灑偏偏騙不了自己心頭隱隱的痛。今天來台中見識了能量整調的威力，給的人四十五分鐘只是把手放在特定的點上，卻讓他嘗到了很特別的深沉放鬆的滋味。令他訝異的是，幾個月來賠了數百萬的懊惱，第一次消聲匿跡，簡直是不可思議。問甚麼時候開課，他先報名了。果然連續五個週六日，從未缺席的由台北到台中來上綠波，精神可嘉。

提到精神可嘉必須要提到兩位住在台南的朋友，她們連續來台中上了綠波、紅波、黃波陰和黃波陽，也就是說連續四個週六日的四個月，她們週六清晨早早趕來，週日晚晚回去，其中還遇過兩次大風大雨的颱風天。見到她們來真是又驚又喜又憐愛，愛憐吾道不孤，也疼愛世間女子能夠如此又平凡又偉大的問道精神。

有位台北的朋友，曾經輕度中風過，長期求助中醫的針灸，經過朋友的推薦，殷勤的坐車到台中上綠波。上完團體沒多久後由台北打電話給我，聲音頗為興奮，為了上綠波，她停了一段時間沒去針灸。最近去回診，醫生說她的精氣神相當的好轉，比起以前大大的進步，醫生語氣稍帶訝異。朋友自己心理有數，是自己意願負起責任，參與蛻變的洗禮。

她在課堂上是比其他學員辛苦，半邊的肢體較為僵硬，做著被要求的動作，常常得皺起眉頭，額鬢冒汗，不過她沒有氣餒。現在還清楚的看到她滿臉紅通，用正常的左手幫助較為萎縮的右手，努力的完成準備工作的樣子。也看到她課程結束時一張紅潤美麗的臉，幾乎看不出身體左右邊的差別，雖然醫生可以幫我們忙，但是必須找到能夠瞭解病因的好醫生。別忘了最能直接瞭解病因的是我們自己，而且是能夠用心瞭解自己的自己。

瞭解身體出狀況是一種智慧，一種提醒，只要我們肯聆聽，跟身體連結，感覺，放鬆，身體能量自然恢復流動。很多身體的狀況，我們都可以享受不藥而癒的神妙。好醫生不只是幫我們治病，更是幫我們內在的醫生醒來為自己負責，因為不可能有任何的醫生比自己內在的醫生更瞭解自己了。

但願社會允許心智成熟的發展，有形的支持身心靈整合的技巧，各家門派能夠打開心胸，琢磨研究提供教育機會，再次認識慈悲心確是人類的本性特質。

例子不少只是舉出幾個，當然也曾給過一些個案，回說沒有感覺的。這些朋友大都是被介紹而來，好奇想嘗試一次就好，而能量的循環有它的過程，平常會要求合作七至十次。不過即使是一次的個案，或多或少都會有所觸動。只是很多的人說是要認識自己卻不敢真正誠實的承認自己的感覺，或者說自我喜歡混水摸魚，幹嘛要誠實去戳破長久以來的相信。這也是回答學員們問團體上課為何要挑人的原因。每個人都是佛，有些人內在的佛還在沉睡，耐心點別急著去吵醒。人生如夢，要保持清醒多不容易呀！不過不容易的背後一定有個容易的。佛陀睡覺都能保持覺知，我們先是在清醒的時候保持清醒，運用一些技巧幫忙應該不會太難。這也是師父的慈悲，參考古代的，現代的，智慧的，科學的，融合出一、兩百種的靜心技巧，幫忙準備上路，剩下的就看我們願不願意了。請記得再厲害的技巧還是需要持續的練習，願意的是你，受惠的也是你。

最後要提到在台灣共同生活五年多的賓漢先生，我們幾乎每天交換練習，起初參加西藏脈動是為了牽就伴侶而做，最近他說他有幸數年來能夠得到脈動的sessions，讓他瞭解內在的變化正是自己意識一直追究的蛻變。加上Vidya一向直言不諱，使他的自我無處遁形，五年來幾度想逃又不願逃，也知道無處可逃。三十多年的門徒生涯，涉獵無數的靜心技巧，又自由又浪蕩的心靈，終於臣服於兩根手指頭〈這說法只有New Mind的朋友們才懂〉，他願意為Vidya做任何的事，真好！不過他知道Vidya要求不多，不會要他上刀山，下油鍋，只要求一位誠心相對，意識清明走在靜心路上的伙伴，以前覺得有困難，現在覺得理所當然。感謝他的勇氣，允許人家挑剔他的習性，感謝他的以身相許，允許西藏脈動技巧的運用，証明身體果然是道之門。常說他是義務的老師，免費的家教。

他來台灣以前長久標準的美式飲食文化，油炸品加大量的蕃茄醬，濃咖啡加重口味的甜食，其實過了中年，身體應該自然趨向清淡的飲食，不過他也很調皮，會在外面亂吃，享受失控的快感，回家讀出他的能量有異，曉以大義也好，威脅也好，提醒身體能量的徵兆似乎到了邊緣，表示臨界點可能隨時會打破。他心知肚明瞞不了有心人的明察秋毫，但是小小的口腹之慾雖然令他很掙扎，可是當下又覺得滿足一下又何妨。剛好有朋友提起一位覺得不錯的中醫師，一時興起就去拜訪。

看著這位年輕的陳醫師為他把脈，開口問他的胃如何？他覺得還好，但是一旁聽的人了心中有數，他的眼睛虹膜在胃的神經網絡上有個不小的黑洞，表示經歷過一個非常深沉的驚嚇，有意識的自我不願意再看到，或是不願意承認這種驚嚇，只好壓制到潛意識去，小心的保護。可是卻經常閃爍著，影響著，演變成無以名狀的情緒，因為是這麼的深沉連自己都不能察覺。當陳醫師能透過把脈指出，不得不重視兩種技巧有相似的診斷，接著他說他的心火過旺引起焦躁，缺乏耐性，常想喝冰冷的飲料，用油撲火似的以致他的喉嚨沙啞。這也是在他眼睛虹膜讀出的線索。陳醫師甚至提高音調說如果不再注意就得準備上醫院了。因為脈搏顯示有些心律不整，表示血管輸送不夠平順，藏著高或然率的危險，這大概就是能看出他能量有異的原因。這下他真的警覺了，但是枕邊人的提醒總是覺得刺耳，如果不肯正視自己的狀況加以自律也是枉費別人的關懷。有時自我是這麼的頑固和心存僥倖，以他為例，這下子高明的醫師發揮了極大的影響力。

一向不贊成閉門造車，或是固步自封，除了工作在自己身上也要留意四周環境的變化，可以嘗試不同的方式，加以體驗，當然也要懂得選擇。每個領域都有學有專精天賦特殊本能的人，有形無形的彼此支援，心想這也是人類可以繼續生存的一種大智慧。

輪到把Vidya的脈搏，告知脈象平穩，只是肝血不足，容易老得快。十年前也有中醫如是說，當下同意懶得吃又懶得睡的人，肝是乾的。現在不熬夜只是吃得不太勤快，既然我認為他是高明的，當然願意從善如流多補充營養。當他問及年齡時，滿臉狐疑直說不可能。也許勤練西藏脈動保住了某個罩門，不讓歲月的侵蝕太快。事實證明下難免得意的說，在西藏脈動團體裡一窩子的俊俏秀麗，只要勤練技巧，美是由內往外自然賞心悅目的。

喝了五天的中藥湯加上sessions，甚為期待陳醫師回診的說法。他把著脈搏，眉毛一挑眼睛瞟了一下，又仔細的把診後才開口說：喔！妳以前不吃藥的是嗎？身體很乾淨呦！妳的脈象跟五天前差很多，顯示身體很敏感，藥效很明確，以前殘留的病根一下子就浮出來，而且妳懂得自療。他也真厲害，每天是喝了藥湯覺得影響到那裡的能量，就做那裡的session，不舒服的症狀很快就解散。如果他不這麼忙的話，真想跟他好好聊，他對病理的說法跟西藏脈動對情緒的說法是一樣的。生命是強烈的求生存的，能量一旦重新引動，身心同命，被壓抑的病因也好，情緒也好，會自動找機會平衡，之前更會顯現曾經被忽略的症狀以便呼應。情緒就像一條游動的蛇，牠有權利走牠要走的路，不要抓牠尾巴，牠也不會回頭來咬你，好的壞的都不用留，不然只怕留來留去留成仇。

師父談了一大堆七個輪脈，七個身體，七個中心，最後他說：你就是從你的肉身開始，不用去管其他身體的事，請全然活在你的肉身裡，然後你會發現一道新的門敞開了，你願意的話就繼續的往前邁進，所以不管我說了甚麼，忘了吧！奇怪？西藏脈動真的就是經驗師父說的，兩岸猿聲啼不住，輕舟已過萬重山。忘了其他的吧！好好的活在你的肉身。古代道家說明，身體每個器官住著一位神，悄悄告訴你這是真的，否則我們怎麼會覺得很神氣，當我們覺得自己很棒的時候。

這與西藏脈動二十四器官擁有各自的能量屬性不謀而合，智慧的身體活在此時此刻，覺知身體的緊張，覺知身體的放鬆，那麼就可以輕易的經驗其他的。靜心前的準備似乎在做一些無意義的事，偏偏無意義的經驗恰恰扭轉成了有意義的。體驗再體驗，不斷的超越，不斷的整合，身體無時無刻的提醒，活在當下！生命就在此時此刻，具足圓滿，無需追逐，需要的只是你的覺知。覺知也不難，正負電平衡時，能量流暢，意識自然清明，覺知不用說也無需解釋，因為生命最原始的機制作用就是覺知，一種本能覺知我們的存在和需要。莫非尋尋覓覓，原來是眾裡尋他千百度，驀然回首，那人卻在燈火闌珊處。

結尾想要說些祝福的話、而第一個想到是我們的地球媽媽，沒有這個美麗的星球，我們的肉身無處可依存。靜心讓我們感受與眾生心心相繫，息息相關，靜心讓我們感受存在的慈悲，萬物皆有情。土地生長五穀雜糧，水果蔬菜餵養我們，成為都是一體的。我們卻肆無忌憚的污染大地，如果我們不愛惜環境，不愛惜大自然，等於是不愛惜自己。那麼人不為己，天誅地滅，真的不只是一句膚淺的話而已。為自己更要為地球，否則沒有媽媽怎麼會有我們呢？否則光談宗教的信仰，意識的成長，潛能的開發，還有甚麼意義呢？所以讓我們也一起覺知環保的重要吧！祝福大家！

綠波學員Vincent的分享

之一◆十二指腸第一天

第一次參加西藏脈動第一天，感覺收穫就很多。

我發現做完session後，全身感覺身輕如燕，軀幹四肢關節柔軟到不行，面貌祥和無暴戾之氣，心情輕鬆自在，很期待明天的課程。比較有一些疑惑的地方是：有些同伴的反應及感覺比較激烈，但我都沒有耶！是我沒做對？還是我真的比較幸福？沒有身心理上的創傷？ok！反正就靜觀其變，順其自然。放下頭腦！放下頭腦！放下頭腦！

奧修說過：四條街外的惡狗不用擔心！另外下午session時，腦中一直出現很多奇奇怪怪的圖像，大部分是穿著奇怪的人，蠻有意思的！而且感覺時間消逝地很快，與上午的session感覺又不同。感恩！感謝！感謝這一切上天的安排冥冥中自有註定，放開頭腦虛心接受就是。

之一◆十二指腸第二天

感覺上真的是越來越進入狀況。

昨天還能一邊欣賞音樂一邊享受，今天幾乎已經無法感受到音樂的存在，在pumping的同時已經進入到一種平靜、喜悅、深沉、空無的感覺，在New-Mind時更不用說了，真的是身心完全的放鬆、放鬆、放鬆！意識開始周遊列國，不斷地有一些圖像出現，很像在放電影一樣、以人物居多而且是奇裝異服，蠻有意思。

自覺意識一直很清醒，但是居然有人說我在打呼，真是奇怪，我真的有睡嗎？感謝Rakash及Jade的陪練，Rakash做到最後讓我會升起一股父愛，想要撫慰他。Jade則是從頭電到尾，四根手指從頭通電到最後，感覺真的是

「很來電」！二天四個sessions，四個夥伴都給我非常不同的感受，那種體驗真的筆墨難以形容。

感謝自己有一顆完全接受開放的心，還有，感謝上帝為我安排的這一切。

之二◆膽囊第一天

對我來說，今天真是一個great day！

早上跟Rashead做session，沒想到外表柔弱，如此有女人味的女人居然讓我感受到的是陽剛的感覺，非常suprise！不過自己感覺到身體因為多次的練習，已開始能自己放鬆、自主，不再接受大腦指揮，所以ego也樂的輕鬆，專心去關照、體驗、享受…童年的圖像一幕幕地進來，四十五分鐘過去，拭去眼角的淚，一種無法形容的感受，與上週脈動的感覺真是迴異。

下午跟淑敏做session，上週跟淑敏做的感覺歷歷在心，那種是超溫柔的感覺⋯不過這次反倒是什麼圖像都沒了、最後連音樂都聽不到了，感覺自己已經不存在了！但是還是有感覺：感覺到自己的消失不見，那種感覺是真的完全放鬆、信任、喜悅、無法形容的美⋯⋯愛

之二◆膽囊第二天

昨天跟今天雖然做脈動時都很舒服，第二次session後不論是pumping跟New Mind都很舒服、很好睡。但是回家後，總覺得身體累累的，跟上週的感覺完全不同。

今天有些同學今天的狀況好像不佳，很有情緒，所以我想我真是太幸福了！總之，現在已能同理別人的痛苦、體諒別人的感受，可能是我最大的轉變。我有幸之前遇到探索課程的Simon老師，如今又遇到西藏脈動的Vidya，再加上我目前的心靈導師—Osho，幫助我能從世俗名利、思考、自我，層層

的昏睡中覺醒。對郭台銘來說，賺進兆億財富抵不上一碗母親親自煮的湯麵；對我來說，曾經努力追求的一切〈大部分是自我ego的projection投射〉抵不上讓我能了然認清所謂知的世界實像，而與人的連結〈特別是Osho、親人、契合的朋友〉是我所能想到讓自己目前能更上層樓的方法，不預設方向、不用頭腦思考、放開心胸接納一切，親自勇敢去體驗，這就是我想參加西藏脈動的主要原因。

之三◆胰臟第一天

第三週西藏脈動的主題課程是「胰臟」，Vidya說：胰臟在西藏脈動中主要的職司是創造力之展現及甜美之情緒，當胰臟不平衡時，或為工作狂、或為放縱享樂者。今天的New Mind感覺起來時間過的特別快，是前幾次都沒有的體驗，彷彿四十五分鐘的時間一下子就飛逝而過，不管是在做者還是被做時，而且那種入定後的平和感覺很鮮明，圖像出現的次數不多，不似前幾次的頻繁像在放幻燈片。整體的感覺有點渾沌，接觸同學時的感覺很熟悉又很陌生；心情的感覺雖然平和，但有時感受到甜美而緊密連結，有時又感受到疏離而冷漠生疏。

靜默凝結的空氣中，十幾個人各自默默地工作在自己的心靈與同伴的心靈，也讓我想起那個中亞奇人葛吉夫與那群死忠追隨的門徒，靜默中自我的心靈逐漸消融、結晶。同伴間的連結由稀疏逐漸趨於緊密，一切都在無言中默默進行：這條路將會走到何處？

之三◆胰臟第二天

今天早上跟Nono做session。跟自己熟悉而且感情連結深厚的夥伴session又是另外一番境界，除了身體上的連結，心靈上能連結，讓自己帶到一個更不同、感覺更高的境界。

雖然，在自己內心的道路上，最後，還是得揮手彼此告別，各自走向自己的道路，但是，一路上，藉著朋友的支助陪伴、幫助自己修行，一步步獨行，可能最後慢慢就能達到無我而無人的境界吧？

下午是跟老婆做session，十幾年早已熟悉到不行的親密愛人，更是另一種全然放鬆、自在幸福的體驗。難怪Vidya說夫妻、男女朋友及家人能一起來學西藏脈動是最好不過的；此時真能體會其箇中三昧，真正達到身心靈三位一體的和諧共振。

今天做完session後，有一種深深的幸福感覺，所謂天堂者，想來不過如斯耳。佛陀傳法數十年，門徒上千，然而，最後還不如簡單拈花微笑，無言心法傳給迦葉，如此溫柔優雅的氛圍…對了！就是那種感覺：溫柔的喜悅。

之四◆肝臟第一天

感覺上，今天我非常喜歡脈動屋的氛圍…非常有安全感…是跟今天的主題-肝臟有關嗎？肝臟在脈動主述就是安全感，象徵的人物是母親。小時候與母親的互動，將會成為成長後安全感是否具足的重要因素。

早上的New Mind一開始就看到自己振筆疾書的畫面，一直寫、一直寫…四十五分鐘一下子就過了，三小時的session後，全然的休息、放鬆…有時想到，這一輩子活了快四十年，什麼時候能有機會可以全然專注而放鬆，與另一個人同時專心連結在同一件事情上，如此持續、舒服、柔和、不間斷？我想除了在媽媽的肚子裡的十個月外，能上西藏脈動的人真是莫大的幸運！

下午的session更是如此，依開始出現的是一些奇奇怪怪的畫面，看不清楚，心情是平靜的，但是奇怪的一點是：所有的圖像都是黑白的，沒有其他色彩，更妙的是，感覺才過十分鐘而已，怎麼就結束了？還問Vidya時間有沒有錯？不是四十五分鐘嗎？ 呵呵……

之四 ◆肝臟第二天

今天是連續四週八天綠波課程的最後一天。

晚上七點半課程後一直到回家，一路沉默寡言，但心情平和，腦還中浮現的是國中三年、高中三年的時光。國三時全校國三共四十班，男生二十班、女生二十班，共超過兩千多人，每天除了上課、考試就是自習用功為了證明自己是NO.1，勝過別的男同學，得到全校所有女同學的注目。終於有一天，我站在講台上，接過校長的模擬考全校第一名的獎狀，偷偷瞄著別的同學羨慕的表情。之後，如願以償考進全台高中第一志願，驕傲的制服、神氣的表情。但是，那不是我真正想要的。

二十四年前想要的，如今在西藏脈動一圓心願，人生補上一筆，完整無缺憾…新的人生從現在開始。

國家圖書館出版品預行編目資料

與心同謀的治療藝術：西藏脈動瑜珈 / Vidya作.
— 初版. — 臺中市：文興出版，2006〔民95〕
面 ； 公分. —（醫藥資訊網 ： 21）

ISBN 986-82262-2-8（平裝）

1. 瑜珈

137.84 95010661

與心同謀的治療藝術—西藏脈動瑜珈

醫藥資訊網021（EZ021）

出版者：文興出版事業有限公司

總公司：台中市西屯區漢口路2段231號

電話：（04）23160278 **傳眞**：（04）23124123

營業部：台中市西屯區上安路9號2樓

電話：（04）24521807 **傳眞**：（04）24513175

E-mail：wenhsin.press@msa.hinet.net

發行人：洪心容

總策劃：黃世勳

作者：Vidya

主編：陳冠婷

執行監製：賀曉帆

封面設計：Iswar Hung

美術編輯/繪圖：Iswar Hung

印刷：上立紙品印刷股份有限公司

地址：台中市西屯區永輝路88號

電話：（04）23175495 **傳眞**：（04）23175496

總經銷：紅螞蟻圖書有限公司

地址：台北市內湖區舊宗路2段121巷28號4樓

電話：（02）27953656 **傳眞**：（02）27954100

初版：西元2006年7月

定價：新台幣220元整

ISBN：986-82262-2-8